EUGÈNE OEILLIER

LE THÉATRE
A LA VILLE

Comédies de Cercles et de Salons

PARIS

PAUL OLLENDORFF, ÉDITEUR

28 bis, RUE DE RICHELIEU, 28 bis

1882

Tous droits réservés.

LE
THÉATRE A LA VILLE

Imprimerie générale de Châtillon-sur-Seine. — J. Robert.

EUGÈNE CEILLIER

LE THÉATRE
A LA VILLE

Comédies de Cercles et de Salons

PARIS
PAUL OLLENDORFF, ÉDITEUR
28 bis, RUE DE RICHELIEU, 28 bis

1882
Tous droits réservés.

LE COUSIN EDGARD

COMÉDIE EN UN ACTE

Représentée au Cercle de la rue Volney.

PERSONNAGES

EDGARD DE MAURAC............ MM. Worms.
JOSEPH......................... Saint-Germain.
CLÉMENCE...................... Mlles Reichenberg.
VICTORINE...................... Martin.

LE COUSIN EDGARD

Le théâtre représente un salon en désordre. — Porte à droite, porte à gauche, porte au fond. — Table-bureau avec albums de photographies. — Guéridon, fauteuils. — Sur les meubles, deux manteaux et deux chapeaux de dames, une jaquette d'homme.

SCÈNE PREMIÈRE

VICTORINE, JOSEPH, CLÉMENCE.

VICTORINE, à la porte du fond, parlant à une personne à la cantonade.

Je souhaite un bon voyage à Madame.

VOIX D'HOMME, à la cantonade.

Hé! Joseph! descendez donc ma casquette de voyage que j'ai laissée dans ma chambre.

JOSEPH, une valise, une couverture, cannes et parapluies à la main.

Bien, Monsieur!

Il disparaît à gauche.

CLÉMENCE, *même jeu que Victorine.*

Madame peut être bien tranquille, nous aurons bien soin de la maison. Si Madame a besoin de nous écrire, nous serions si heureux d'avoir de ses nouvelles.

JOSEPH, *reparaît par la porte de gauche avec casquette, parapluies, etc.*

Allons, allons, laissez-moi passer.

VICTORINE et CLÉMENCE.

Bon voyage, Madame.

SCÈNE II

VICTORINE, CLÉMENCE.

CLÉMENCE.

Ça n'emmènerait seulement pas une femme de chambre! Baraque, va!

VICTORINE.

Voilà-t-il pas une affaire parce qu'on vous laisse ici? Et moi?

CLÉMENCE.

Comme si c'était la même chose!

VICTORINE.

Et pourquoi donc pas?

CLÉMENCE.

Parce que chacun a ses attributions, vous avez l'anse du panier, moi je dois avoir les voyages, qu'on me les laisse!

VICTORINE.

Ah! faut des voyages à Mademoiselle, et puis dix mille livres de rentes par-dessus le marché.

CLÉMENCE.

Si on veut!

VICTORINE.

La grande vie enfin!

CLÉMENCE.

Que voulez-vous? Il est évident que, dans l'intimité de Madame, j'ai contracté des goûts de luxe qui ne sont pas les vôtres.

VICTORINE.

Je les aurais bien aussi.

CLÉMENCE se lève, met un chapeau de dame qui est sur un meuble, et se regarde dans la glace.

Tenez, regardez-moi, est-ce que je ne suis pas faite pour porter cela?

VICTORINE, apercevant un chapeau et le mettant.

Et moi, est-ce que cela ne me va pas aussi?

CLÉMENCE.

Oh! Victorine, vous êtes trop drôle!

VICTORINE.

Attendez, c'est mon tablier! (Elle l'enlève.) Eh bien! maintenant? (Clémence rit.) Si j'avais un manteau, un manchon, allez! ce n'est pas difficile d'avoir l'air d'une femme du monde.

CLÉMENCE.

Victorine, je veux voir cela. (Elle lui jette un manteau sur les épaules. — Victorine se tient mal. — Riant aux éclats.) Oh! écoutez, vous êtes impossible! Mais ça ne se porte pas comme cela, on se tient droite. Tenez, regardez-moi. (Elle met un manteau et se promène. — Se retournant brusquement.) Chère comtesse, vous allez bien?

VICTORINE, salue gauchement.

Parfaitement, Madame.

CLÉMENCE.

Mais pas comme cela, et puis mettez du « ma chère » partout. (Minaudant.) Parfaitement, ma chère.

VICTORINE, répétant.

Parfaitement, ma chère! (Avec effroi.) Chut! j'entends Joseph.

Elles écoutent un instant.

CLÉMENCE.

Mais non, il ne peut pas encore être là.

VICTORINE.

Vous savez !..... je le connais Monsieur mon époux.

CLÉMENCE.

Il ne va pas nous manger.

VICTORINE, se regardant dans la glace.

On est gentille tout de même, comme ça.

CLÉMENCE.

Ah! ma chère, vous êtes adorable, mais asseyez-vous donc, je vous en prie. (Elles arrangent leurs robes avec précaution.) Allez-vous régulièrement au Bois tous les jours?

VICTORINE.

Au bois! C'te bêtise, vous savez bien que c'est Joseph qui le monte.

CLÉMENCE.

Victorine, vous n'êtes pas sérieuse. Nous jouons à la dame ; vous me faites une visite.

VICTORINE.

Vous ne me prévenez pas.

CLÉMENCE.

On ne parle, chère belle, que de la robe que vous aviez hier à l'Opéra.

Joseph rentre.

SCÈNE III

JOSEPH, CLÉMENCE, VICTORINE.

JOSEPH, rentrant.

Emballé le patron!... Oh! du monde! (Balbutiant.) Pardon, Mesdames, M. le comte et madame la comtesse viennent de partir pour Const... (Éclat de rire de Clémence et de Victorine.) Oh! c'te bêtise!... Oui, c'est spirituel, on aurait manqué le train, vous seriez fraîches!

CLÉMENCE.

Oh! ce cher baron, quelle bonne fortune de vous voir! Vous prendrez bien une tasse de thé.

JOSEPH.

Avec plaisir, chère baronne.

Il quitte son tablier et passe par-dessus son gilet de domestique un veston qui se trouve sur un fauteuil.

VICTORINE.

Mais regarde-moi donc!

CLÉMENCE.

Je vous croyais absent?

JOSEPH.

J'ai eu un instant l'idée de suivre mon ami de Mansac à Constantinople, mais je déteste quitter Paris l'hiver.

CLÉMENCE.

Alors, vous nous restez.

VICTORINE.

Mais, Joseph, regarde-moi donc.

JOSEPH.

Mâtin ! quel chic !... Mais c'est pas tout ça ; il faut mettre vivement un peu d'ordre ici pour aller se promener.

VICTORINE.

C'était pourtant bien amusant de jouer à la dame.

JOSEPH.

Tu n'as pourtant pas la prétention de rester déguisée toute ta vie.

CLÉMENCE.

Oh! une idée! voulez-vous jouer aux maîtres pendant une semaine?

VICTORINE.

Des maîtres sans domestiques, ce serait du joli!

JOSEPH.

Qu'est-ce que cela fait? On serait de service à tour de rôle.

CLÉMENCE.

C'est cela, moi je veux bien.

1.

JOSEPH.

Allons-y!

VICTORINE.

Mais huit jours, pas plus... Faut se faire une raison.

CLÉMENCE.

Pas plus.

JOSEPH.

Alors, c'est entendu! Clémence, faites trois billets, 1, 2, 3. Le numéro 1 sera de service aujourd'hui, 2 demain, 3 après-demain, et puis on recommencera dans le même ordre.

CLÉMENCE.

Voilà! Allons, tournez-vous, Victorine, moi, je vais tirer.

VICTORINE.

Non, non, moi je veux voir. Tourne-toi, Joseph, tu nommeras.

CLÉMENCE.

Pour qui cela?

JOSEPH.

Pour vous.

CLÉMENCE.

Et ceci?

JOSEPH.

Pour Victorine.

VICTORINE, *urieuse*.

Le numéro 1! Vous avez triché, c'est pas juste.

CLÉMENCE.

Vous êtes mauvaise joueuse, vous.

JOSEPH.

En v'là une affaire! dirait-on pas qu'on va te rendre la vie si dure! Sapristi, nous connaissons le service, nous autres! Nous n'allons pas sonner à tort et à travers comme des maîtres, n'est-ce pas, Clémence?

CLÉMENCE.

C'est évident!

Elle s'étend dans un fauteuil.

JOSEPH.

Ni demander quatre ou cinq choses à la fois.

VICTORINE.

Enfin, soit! Mais demain ce ne sera plus moi.

Elle ôte son chapeau, son manteau, et remet son tablier.

JOSEPH.

Mais oui, voyons, c'est convenu. Tenez, moi je propose de déjeuner ici sur une petite table auprès du feu, ça fera une pièce de moins à faire.

CLÉMENCE.

Eh bien! c'est cela! Qu'est-ce que nous allons prendre?

Victorine apporte la table. — Joseph se carre aussi dans un fauteuil.

JOSEPH.

Deux œufs, une côtelette.

CLÉMENCE.

Victorine, des œufs à la coque, très peu cuits.

JOSEPH.

Pour moi, au contraire, presque durs.

CLÉMENCE, tendant son chapeau à Victorine.

Tenez, rangez cela.

VICTORINE.

Ah! par exemple!

CLÉMENCE.

Serrez cela, je vous dis, et prenez mon manteau.

VICTORINE, à part.

Tu verras, toi, après-demain.

CLÉMENCE.

Mettez donc une bûche dans le feu et puis dépêchez-vous de nous servir, je meurs de faim.

JOSEPH.

Et moi aussi!

VICTORINE.

C'est bon, c'est bon! je ne peux pas tout faire.

Elle sort, emportant les manteaux et les chapeaux.

JOSEPH, courant après elle.

Saignantes, les côtelettes!

CLÉMENCE.

Non, non, non!

JOSEPH.

Une saignante, seulement.

SCÈNE IV

CLÉMENCE, JOSEPH.

CLÉMENCE, se levant.

Je vais mettre ma matinée bleue pour déjeuner.

JOSEPH.

Vous voulez donc me faire perdre la tête? (Clémence hausse les épaules en souriant.) Ça va être amusant de déjeuner en tête-à-tête comme deux amoureux... n'est-ce pas, mademoiselle Clémence?

Il la prend par la taille et veut l'embrasser.

CLÉMENCE.

Eh bien! eh bien! qu'est-ce que c'est que ces manières-là?

JOSEPH.

C'est régence.

CLÉMENCE.

Régence de Tunis.

JOSEPH, la prenant de nouveau par la taille.

Oui, ma sultane.

CLÉMENCE.

Vous savez que ce ton-là m'est parfaitement désagréable.

JOSEPH.

Nous n'allons cependant pas déjeuner en tête-à-tête sans que je vous fasse la cour, voyons! Puisque nous sommes des gens du monde, il faut bien faire comme eux.

CLÉMENCE.

Tenez, baisez ma main et ne péchez plus.

JOSEPH.

Vous êtes divine!

Il lui baise la main.

CLÉMENCE.

Allons, c'est bien... A tout à l'heure!

JOSEPH.

Où allez-vous donc?

CLÉMENCE.

Et ma matinée!

JOSEPH, la suivant.

Je vais avec vous.

CLÉMENCE.

Jamais de la vie!

Elle sort au moment, en fermant vivement la porte.

SCÈNE V

VICTORINE, JOSEPH.

Paraît Victorine portant des assiettes et du pain.

VICTORINE.

Ah! que je t'y prenne, toi, à tourner autour de cette mijaurée !

JOSEPH.

Ma bonne amie, je t'assure...

VICTORINE.

Il y a assez longtemps que je vous remarque tous les deux. Essaie un peu, tu verras.

JOSEPH.

Des bêtises! Avec ça qu'elle est bien, Clémence.

VICTORINE.

Pour ça, non, elle est maigre, elle est pâle!

JOSEPH.

A la bonne heure, une bonne grosse maman comme ça, bien fraîche, bien rouge.

VICTORINE.

C'est vrai, tu m'aimes?

JOSEPH.

Parbleu!

VICTORINE.

Eh bien! embrasse-moi.

JOSEPH, l'embrassant.

J'oublie mon rang! (S'étendant dans un fauteuil.) Assez de scènes conjugales. Est-ce que le déjeuner est prêt?

VICTORINE.

Oui, aide-moi à mettre le couvert.

JOSEPH.

Pour ça, non, aujourd'hui je suis patron, je ne fais rien.

VICTORINE.

Poseur, va.

JOSEPH.

Tu dis ?...

VICTORINE.

Moi... rien !

Elle sort.

JOSEPH, ouvrant son journal.

Allons, voyons les feuilles. Ah ! bien ! du premier coup, j'en trouve une bonne. « A vendre un joli caveau de famille bien aménagé, beau site. S'adresser au gardien du cimetière Sainte-Marie. » Ce sacré *Figaro*, il est épatant ! Je n'aurais pas trouvé celle-là. C'est un comble ! Vendre son caveau. Faut-il être être décavé pour en arriver là ! Ah ! c'est bon de rire un peu, ça ouvre l'appétit. (Victorine entre.) Je meurs de faim ! est-ce servi ?

VICTORINE.

Tout est prêt.

JOSEPH.

Allez avertir Madame..

VICTORINE.

Il ne manquerait plus que ça.

JOSEPH.

Dame, sommes-nous les maîtres, oui, ou non ? Enfin, c'est bien, j'y vais moi-même.

Entre Clémence.

SCÈNE VI

LES MÊMES, CLÉMENCE, en matinée bleue élégante.

JOSEPH.

Chère belle, j'allais vous offrir mon bras pour déjeuner. On n'est pas plus ravissante.

Ils s'asseoient à table.

VICTORINE, bas à Joseph, en le pinçant.

Tu sais, toi, si tu continues...

JOSEPH.

Ah! ça, c'est bête!

CLÉMENCE.

Qu'est-ce que vous dites?

JOSEPH.

Rien, rien!

VICTORINE.

Vous savez, j'avais pas d'œufs, j'ai mis de la viande froide à la place.

CLÉMENCE.

Il me semble que vous auriez bien pu nous consulter. Voilà un signe des temps, baron : les maîtres ne comptent plus.

JOSEPH.

Tout s'en va, chère comtesse, tout s'en va!

CLÉMENCE, riant.

Même les maîtres.

JOSEPH, de même.

Ça, il ne faut pas nous en plaindre. Eh bien! Victorine, et le vin?

VICTORINE.

Tiens! c'est vrai!

JOSEPH.

Une idée! Si on buvait du champagne pour fêter notre avénement.

CLÉMENCE.

Oh! oui!

VICTORINE.

Du champagne! Ah! pour ça non, par exemple! A moins que vous ne m'invitiez!...

JOSEPH.

Eh bien! on t'invitera... Prends-en deux bouteilles.

VICTORINE.

Donne-moi de l'argent.

JOSEPH.

Tu feras mettre cela sur la note.

VICTORINE.

C'est bon.

JOSEPH.

Ne ferme pas la porte ; nous n'aurons pas la peine d'aller ouvrir.

Victorine sort.

SCÈNE VII

JOSEPH, CLÉMENCE.

JOSEPH.

On boira à leur santé, ils peuvent bien payer, pas vrai?...

CLÉMENCE.

Ceci vous regarde... Donnez-moi donc un peu de gelée, baron... Qu'est-ce que vous avez à me regarder comme cela?

JOSEPH.

Je vous admire, vous êtes épatante.

CLÉMENCE.

Quel mot, baron !

JOSEPH.

Comtesse, il m'a échappé...Tenez, laissez-moi encore embrasser votre petite main.

CLÉMENCE.

Vous y prenez goût !

JOSEPH.

J'ai tort, c'est un apéritif !

CLÉMENCE.

Et vous n'aurez pas à dîner, baron.

JOSEPH.

Donnez tout de même. (A part.) C'est autant de pris.

Il lui embrasse la main. Entre Edgard en costume de voyage, une valise à la main.

SCÈNE VIII

Les Mêmes, EDGARD.

EDGARD.

Oh !

CLÉMENCE, se levant précipitamment.

Quelqu'un !

JOSEPH, de même.

Sapristi !

EDGARD.

Pardon, c'est bien ici, M. de Mansac ?

JOSEPH.

Oui... oui... c'est ici.

CLÉMENCE, bas.

Mais c'est vous, c'est vous...

JOSEPH.

C'est... c'est moi... qui...

EDGARD, se précipite dans les bras de Joseph.

Mon cher ami, mon bon René... je suis d'un ému.

JOSEPH, à Clémence.

Mais c'est un fou.

EDGARD.

Tu ne me reconnais donc pas?... Vingt ans, ça change... l'homme, mais pas le cœur.

Il veut l'embrasser.

JOSEPH.

Ah çà ! voyons, c'est une plaisanterie.

EDGARD.

Mais je suis Edgard ! mon ami, Edgard ! ton cousin Edgard !

CLÉMENCE, à part.

Oh! la la! un cousin de Monsieur!

EDGARD.

Qui n'a pas voulu traverser la France pour retourner s'ensevelir en Amérique sans venir t'embrasser et mettre ses hommages et son dévouement aux pieds de sa jeune cousine.

JOSEPH.

Pincé !

EDGARD.

Comme tu es froid ! Ça ne te dit donc rien de me revoir ?...

CLÉMENCE, bas, le poussant.

Mais allez donc, allez donc !

JOSEPH.

Mais si... mais si... comment donc !

EDGARD.

A la bonne heure !

JOSEPH, sans entrain.

Je suis enchanté.

EDGARD.

Et moi donc ! Je me fais une telle fête de ces deux jours passés avec vous.

JOSEPH, vivement.

Deux jours !

CLÉMENCE.

Seulement deux jours ?

EDGARD.

N'insistez pas, c'est inutile.

JOSEPH, lui serrant chaleureusement les mains.

Ah! ce bon Edgard... cet excellent Edgard... deux jours, mais c'est à peine si on se verra.

CLÉMENCE.

C'est trop peu.

EDGARD.

Si je n'avais pas tant tenu à te voir et à connaître ta femme, mon vieux René, je serais déjà parti par le précédent paquebot.

CLÉMENCE.

Oh! Monsieur, nous ne vous l'aurions pas pardonné.

JOSEPH.

Certainement, non.

EDGARD.

Je vous en prie, ne m'appelez pas Monsieur, je suis certainement le plus vieil ami de votre mari, ma cousine. N'est-ce pas, René? jusqu'à l'âge de dix ans nous ne nous étions pas quittés d'une heure...

JOSEPH.

C'est vrai.

EDGARD.

Et il a fallu pour nous séparer les grands malheurs que vous savez.

CLÉMENCE.

Ah ! oui !

EDGARD.

Pauvre père, il t'aimait bien, va ! Vous ne savez pas, vous autres, qui vivez heureux au milieu d'amis et de parents, comme la solitude vous attache au passé... c'est-à-dire qu'il ne s'est peut-être pas écoulé un soir sans que nous parlions de toi, de notre enfance... plus tard, de vous, ma cousine, que nous avions si envie de connaître. Je suis bien sûr que lui, il ne vous a jamais parlé de nous, cet affreux égoïste.

CLÉMENCE.

Mais si... quelquefois, souvent...

JOSEPH.

Oui, oui... souvent.

EDGARD.

Ah ! c'est bien, ça, René... mais je m'oublie à ranimer ces vieilles cendres et je vous empêche de déjeuner.

CLÉMENCE, prenant la table et la repoussant dans un coin.

Oh ! non. D'abord nous avions fini, n'est-ce pas, Joseph ?

Elle s'arrête brusquement en se mordant les lèvres.

JOSEPH.

Oui, oui.

EDGARD.

Joseph ! Tu as donc changé de nom, toi ?

CLÉMENCE, vivement.

C'est depuis notre mariage.

JOSEPH.

Oui, depuis notre mariage.

CLÉMENCE.

Je l'ai appelé Joseph... parce que son nom de René me rappelait des souvenirs tristes.

EDGARD.

Je vous demande pardon, ma cousine.

JOSEPH.

Des idées de femme, quoi ! Mais vous boiriez peut-être bien quelque chose ?

EDGARD.

Ah çà ! voyons, tu ne vas pas me dire vous, j'espère bien.

JOSEPH.

Tu sais, il y a si longtemps, mais le cœur y est tout de même, va !

EDGARD.

A la bonne heure! Eh bien! oui, je prendrais volontiers du thé et des tartines, si vous permettez, mais avant je voudrais bien me laver les mains et me brosser un peu.

CLÉMENCE.

Vous allez trouver tout notre appartement bien en désordre, mon cousin, j'en suis vraiment honteuse. Nous venons de donner huit jours de congé au domestique et à la femme de chambre qui se sont mariés hier...

JOSEPH.

Ensemble...

EDGARD.

Alors, j'arrive comme un indiscret.

Entre Victorine avec les deux bouteilles de champagne.

JOSEPH, à part.

Ciel! Victorine!

CLÉMENCE.

Indiscret! jamais!

JOSEPH.

Allons, allons,... viens, viens!...

Il l'entraîne vivement.

SCÈNE IX

VICTORINE, CLÉMENCE.

VICTORINE.

Qu'est-ce qui se passe?

CLÉMENCE.

Un cousin de Monsieur.

VICTORINE.

Ah!

CLÉMENCE.

Un cousin d'Amérique... qui ne l'a pas vu depuis vingt ans et qui retourne là-bas.

VICTORINE.

Ah! bien, en voilà une affaire!

CLÉMENCE.

Et ce qu'il y a de mieux, c'est qu'il a pris Joseph pour Monsieur.

VICTORINE.

Qu'est-ce qu'il a dit Joseph?

CLÉMENCE.

Rien, qu'est-ce que vous voulez?... Il s'est laissé

faire... puisqu'il repart dans deux jours, le cousin, il n'y a pas de mal... et moi aussi il m'a pris pour Madame, il m'appelle ma cousine.

VICTORINE.

Sa cousine?

CLÉMENCE.

Évidemment, en me trouvant là avec Joseph, il a cru que j'étais sa femme, pardi!

VICTORINE.

Sa femme! La femme de Joseph?

CLÉMENCE.

Eh bien?

VICTORINE.

Ah! je voudrais voir ça, par exemple!

CLÉMENCE.

Ce n'est pas ma faute, voyons!

VICTORINE.

Ah! il paraît que vous avez une jolie tenue quand vous êtes avec lui, et, pendant ce temps-là, moi je serai votre cuisinière, n'est-ce pas?... Et vous croyez que cela va se passer ainsi?

CLÉMENCE.

Mais je vous jure, Victorine, que ça n'est pas de notre

faute... Si vous dites la moindre chose, nous sommes perdus... Pour deux jours...

VICTORINE.

Ah! oui, pour deux jours, et qu'est-ce qui sera encore de service pour demain, ce sera toujours moi?

CLÉMENCE.

Dame!

VICTORINE.

Et puis pendant quarante-huit heures, vous serez la femme de Joseph...

CLÉMENCE.

Oh! devant le cousin seulement.

VICTORINE.

Ah çà! vous me prenez donc pour une femme de carton, tous les deux? Eh bien, Mademoiselle, je ne serai ni votre domestique, ni votre doublure.

CLÉMENCE.

Les voici qui reviennent... Victorine!... ne dites rien.

VICTORINE.

Vous allez voir cela! sa femme! Ah! mais non.

Elle sort.

SCÈNE X

CLÉMENCE, JOSEPH, EDGARD.

EDGARD.

Vous êtes installés d'une façon ravissante. Un vrai nid d'amoureux.

JOSEPH, allant à Clémence.

Mais oui, d'amoureux. (Bas.) Qu'est-ce qu'elle a dit?

CLÉMENCE, bas.

Tâchez de la voir!

EDGARD.

Si ce bonheur n'était pas le tien... je serais envieux.

CLÉMENCE.

Oh! le vilain défaut!

EDGARD.

Rassurez-vous, je ne serai que jaloux.

JOSEPH.

Vous permettez que je vous laisse?

EDGARD.

Certainement... Tiens! des albums de photographie.. Je dois connaître presque tout le monde là-dedans, il n'y a pas d'indiscrétion?

CLÉMENCE.

Mais...

JOSEPH, les lui prenant.

Non... non... non...

EDGARD.

Comment! tu ne veux pas que je voie les photographies de la famille?

JOSEPH, mettant un album sous chaque bras.

Elles ne sont pas là-dedans.

EDGARD, riant.

Tu as peur que je ne te les emporte?

CLÉMENCE.

Oh! mon cousin!

EDGARD.

Rassure-toi, je n'en suis pas là.

JOSEPH.

C'est pour plaisanter. Tout à l'heure nous les verrons ensemble. (Il va pour sortir. — A part.) J'y mettrai la mienne.

EDGARD.

Comme tu voudras. Tout est souvenir ici! Ce vieux tableau, te rappelles-tu? Il était dans le grand salon,

JOSEPH.

Oui, oui.

EDGARD.

Dis donc, est-ce que tu n'as plus cette vue du château de ton père?...

CLÉMENCE.

Si! si! C'est le tableau qui est dans la bibliothèque.

EDGARD.

Je le reverrai avec plaisir... Ah! je perds la mémoire, comment donc s'appelait-il?

JOSEPH.

Qui ça?... Le tableau?... mon père?...

EDGARD.

Mais non... Le vieux monsieur qui l'a peint et qui nous faisait si peur...

JOSEPH.

Le nom ne me revient pas.

CLÉMENCE, vivement.

Et ce thé qu'on n'apporte pas, allez donc voir un peu pourquoi, mon ami.

JOSEPH, vivement.

Oui, oui, j'y vais.

EDGARD, le retenant.

Laisse donc, je peux bien attendre... Il est amusant avec ses albums sous le bras. Si tu veux, je t'offrirai une chaînette.

SCÈNE XI

Les Mêmes, VICTORINE.

Victorine paraît à la porte, habillée en dame. Joseph et Clémence se regardent un instant avec stupeur.

VICTORINE.

C'est moi!

CLÉMENCE, allant à Victorine.

Bonjour, chère amie.

JOSEPH, même jeu, bas.

Tu es folle!... (Haut.) Quelle bonne surprise!

VICTORINE.

Hein! vous ne vous y attendiez pas?

CLÉMENCE.

Cela n'en est que plus agréable... (A part.) Que faire?

VICTORINE, saluant Edgard gauchement.

Monsieur!

EDGARD.

Madame!

CLÉMENCE, la présentant.

Ma sœur. (Présentant Edgard.) Un cousin de mon mari.

VICTORINE, salue, à part.

Heu! de son mari.

JOSEPH, à Edgard.

Si nous les laissions bavarder et si nous nous en allions?

EDGARD.

Parfait, parfait, comme tu voudras.

JOSEPH.

Nous avons à causer tous les deux... vous permettez... adieu.

VICTORINE.

Nous allons nous revoir, je ne pars pas encore.

CLÉMENCE.

Je l'espère bien.

VICTORINE, à Joseph, bas.

Plus souvent que je partirais! (Haut.) Je vais même vous rester trois ou quatre jours, si je ne suis pas indiscrète.

JOSEPH, à part.

Quel crampon!

VICTORINE.

J'espère que je ne vous gênerai pas... les ouvriers m'ont mise à la porte de chez moi.

CLÉMENCE.

Et vous avez pensé à nous.

VICTORINE.

Naturellement.

CLÉMENCE.

C'est que précisément, nous venons de donner la chambre d'ami à Monsieur.

EDGARD.

Mais, Madame, qu'à cela ne tienne, j'irai à l'hôtel.

VICTORINE, saluant gauchement.

Monsieur...

CLÉMENCE, à part.

Tu me le paieras, toi... (Haut.) Mais pas du tout, nous ne vous laisserons pas aller.

JOSEPH, bas, à Victorine.

Es-tu folle?

VICTORINE.

Monsieur, on peut tout arranger, je partagerai la chambre de ma sœur, et mon beau-frère s'installera ici, comme fait Monsieur quand sa belle-mère vient.

CLÉMENCE, à part.

Oh! la! la! (Haut.) C'est une très bonne idée.

JOSEPH.

Oui, oui, une très bonne idée, très bonne idée. (A part.) Vieille peste, va !

EDGARD.

Si c'est possible, j'accepte sans façon, nous nous verrons bien plus et pour deux jours tu me pardonneras de te faire camper.

JOSEPH.

Ça ne m'embarrassera pas. Eh bien ! et ce thé, voyons ! C'est un mythe.

CLÉMENCE, sonnant.

J'ai déjà sonné deux ou trois fois,... je ne sais pourquoi on ne l'apporte pas.

VICTORINE, à part.

Elle en a de l'aplomb !

JOSEPH.

Faites-le vous-même, alors, puisqu'aujourd'hui ce sont les maîtres qui doivent se servir.

EDGARD.

Ma cousine, je ne permettrai pas...

JOSEPH.

Laisse-la donc... elle le fait admirablement...

CLÉMENCE.

Et vous serez obligé de le trouver bon.

Elle sort à gauche.

VICTORINE.

Je vais vous aider... Monsieur...

Elle salue et sort.

SCÈNE XII

EDGARD, JOSEPH.

EDGARD.

Mon ami, ta femme est charmante.

JOSEPH.

Ah! sacredié!

EDGARD.

Comment, René... ta femme.

JOSEPH.

Oh! si, oh! si... adorable!

EDGARD.

A la bonne heure, tu m'étonnais.

JOSEPH.

Je croyais que tu parlais de l'autre.

EDGARD.

Oh! non, la belle-sœur, pas l'air commode.

JOSEPH.

Il s'en faut.

EDGARD.

Enfin la belle-sœur, ça t'est bien égal, n'est-ce pas? c'est pas elle que tu as épousée... mais ta petite femme... tu es un heureux coquin.

JOSEPH.

Mais oui, mais oui.

EDGARD.

Mon bon vieux René, je ne t'aurais pas reconnu.

JOSEPH.

Ni moi.

EDGARD.

Mais tu te conserves bien; on voit que tu mènes une vie tranquille.

JOSEPH.

Ça ne veut rien dire.

EDGARD.

Tu as même l'embonpoint de l'homme heureux! Ah çà!... quel diable de gilet portes-tu donc?

JOSEPH, essayant de cacher son gilet de domestique.

Ne fais pas attention.

EDGARD.

C'est un peu excentrique.

JOSEPH.

Pour le matin... comme cela... Les couleurs du gagnant au grand prix.

EDGARD.

Peste ! sportman à ce point ?

JOSEPH.

Faut bien s'occuper.

EDGARD.

Tu ne fais donc rien ?

JOSEPH.

Mon Dieu, non.

EDGARD.

Vraiment !

JOSEPH, prétentieux.

C'est très difficile pour des gens de notre monde... la politique a tout envahi... et Dieu sait quelle politique !...

EDGARD.

C'est bien ce qu'on m'avait dit, mais je ne voulais pas le croire.

JOSEPH.

Mon ami, tu peux t'en rapporter à moi, heureusement qu'il nous reste la Bourse.

EDGARD.

Tu joues?

JOSEPH.

Jamais... je spécule...

EDGARD.

C'est bien cousin germain.

JOSEPH.

Nous spéculons tous, mon ami, c'est tout ce qu'il y a de mieux porté.

EDGARD.

Allons, je souhaite que cela vous réussisse. A propos de bourse et d'argent, avant de quitter le Midi, je suis convenu avec ton notaire...

JOSEPH.

Mon notaire?... De quoi donc?

EDGARD.

Eh bien! sur les vingt-cinq mille francs que tu lui dois...

JOSEPH.

Ah! oui... les vingt-cinq mille francs.

EDGARD.

Tu m'en remettras vingt mille, et tu lui enverras seulement le surplus.

JOSEPH.

C'est que...

EDGARD.

Il a dû l'écrire... ou tu vas recevoir sa lettre.

JOSEPH.

Je n'ai encore rien reçu.

EDGARD.

J'ai pensé que cela t'arrangerait parfaitement.

JOSEPH.

Certainement! certainement!

EDGARD.

Eh bien, c'est entendu! tu me donneras ces vingt mille francs, demain ou après.

JOSEPH, à part.

Ah! mais, il m'embête, le cousin...

EDGARD.

Ça a l'air de te contrarier.

JOSEPH.

Moi... non... non, pas le moins du monde.

EDGARD.

Avec moi tu ne te gênerais pas.

JOSEPH.

Pardi!

On entend une discussion dans la coulisse.

EDGARD.

Qu'est-ce que c'est?

JOSEPH.

Rien du tout... reste là... (A part.) Elles se battent, c'est pas possible!

Il sort à gauche.

SCÈNE XIII

EDGARD, seul, s'asseoit dans un fauteuil.

C'est bizarre, comme l'imagination embellit souvent les choses. Certainement, ça me fait plaisir de le revoir, ce bon René, mais je me figurais que mon cœur allait se fondre... eh! bien, non... il n'y a pas ce je ne sais quoi auquel je m'attendais.

SCÈNE XIV

EDGARD, CLÉMENCE.

CLÉMENCE, à la cantonade.

Espèce de cuisinière de quatre sous... (Elle entre, portant un plateau. Edgard se lève étonné.) Je vous demande pardon, c'est cette imbécile de Victorine... Je ne sais pas ce que je dis maintenant... J'allais vous raconter mes ennuis domestiques...

EDGARD.

Mais puisque ce sont des ennuis pour vous, ma cousine, ils m'intéressent.

Il l'aide à déposer le plateau.

CLÉMENCE.

C'est toujours la même chose : ma cuisinière me voit dans l'embarras et elle m'y met tout à fait en me plantant là.

EDGARD.

Comme cela!

CLÉMENCE.

Comme cela... sans même me donner le temps de me retourner... Voulez-vous du thé fort?

EDGARD.

Léger, je vous prie... Alors, vous voilà sans domestiques...

CLÉMENCE.

Absolument.

EDGARD.

Eh bien ! nous irons dîner au restaurant.

CLÉMENCE.

Oh ! que ce sera amusant !

EDGARD.

Vous voilà consolée.

CLÉMENCE.

C'est-à-dire que je suis ravie... nous irons en cabinet particulier, n'est-ce pas?

EDGARD.

Si cela peut se faire, je veux bien !

CLÉMENCE.

Oh ! oui, je n'y suis jamais allée.

EDGARD, riant.

Ni moi non plus.

CLÉMENCE.

Ça, par exemple !

EDGARD.

Croyez-vous donc que j'ai des restaurants à ma porte au fond de mes pampas.

CLÉMENCE.

Comment! de vos pampas?...

EDGARD.

Je mène, depuis que j'ai quitté la France, la vraie vie des éleveurs, je vis en sauvage.

CLÉMENCE.

Comment!... tout nu?...

EDGARD.

Oh! non,... je mène la vraie vie de sauvage, voilà tout!

CLÉMENCE.

Vraiment!

EDGARD.

Mais oui!

CLÉMENCE.

J'ai lu un roman là-dessus. Comment donc était-ce? La *Prairie*, je crois, et puis le *Dernier des Mohicans*.

EDGARD.

Eh bien! en faisant la part du roman, cela a pu vous donner une idée de notre existence. C'est une vie de luttes, de dangers, d'émotions qui aurait un grand attrait, n'était l'isolement.

CLÉMENCE.

Vous vivez là tout seul?

EDGARD.

Mon Dieu, oui, tout seul, au point de vue du cœur, et c'est dur quand on a vingt-cinq ans.

CLÉMENCE.

Je vous crois.

EDGARD.

Oh! oui, c'est dur!... Le soir, quand je rentre après une journée fatigante, souvent périlleuse, je sais qu'il n'y a pas une main amie qui me sera tendue, je pars sans laisser un vide et je rentre sans apporter une joie. Eh bien! vous pouvez m'en croire, je ne suis pas très sentimental, mais cette pensée, à la longue, est affreuse.

CLÉMENCE.

Il faut vous marier.

EDGARD.

Mais, ma chère petite cousine, qu'est-ce qui voudrait de moi?

CLÉMENCE.

Vous faites le modeste.

EDGARD.

Comment voulez-vous que je propose à une jeune fille habituée à la vie facile, au bruit, au plaisir, à la famille?... Non, c'est impossible!

CLÉMENCE.

Ah bien! voilà une vie que j'aimerais, moi!... On monte beaucoup à cheval, n'est-ce pas?

EDGARD.

Oh! oui, plus qu'on ne veut même.

CLÉMENCE.

Je ne crois pas... Est-ce qu'il y a des femmes de chambre?

EDGARD, riant.

Pour qui, mon Dieu?...

CLÉMENCE.

C'est dommage!... Et vous ne trouvez pas une femme pour partager cette vie-là?

EDGARD.

Cherchez-la moi... je m'en rapporte à vous... je ne tiens pas à la fortune, et pourvu que la famille soit honorable... c'est tout ce que je demande.

CLÉMENCE, se parlant à elle-même.

J'irais bien, moi!

EDGARD.

Que n'êtes-vous libre !

CLÉMENCE, à part.

Si je lui disais tout !

EDGARD, riant.

Nous irions galoper à cheval comme des fous à travers les immenses prairies, les bois infinis... Si vous couriez un danger, je serais là pour vous défendre... c'est-à-dire que je le ferais naître pour avoir le plaisir de vous sauver. Ma vie serait singulièrement changée.

CLÉMENCE.

Si j'étais libre, vous ne voudriez sans doute pas de moi.

EDGARD.

Cousine, vous ne dites pas un mot de ce que vous pensez.

CLÉMENCE.

Mais si !

EDGARD.

Eh bien ! trouvez-moi votre sœur jumelle, et vous verrez !...

CLÉMENCE.

Même sans fortune ?

EDGARD.

Mais je vous l'ai dit, sans fortune... famille honorable, voilà tout.

CLÉMENCE.

Eh bien ! nous verrons...

EDGARD, lui prenant les mains.

Oh ! non, voyons tout de suite, ma petite cousine, je vous en prie... vous connaissez quelqu'un ?

CLÉMENCE.

Peut-être.

EDGARD.

Jolie ?

CLÉMENCE.

Je ne sais pas, elle me ressemble.

EDGARD,

Vous voulez vous moquer de moi, alors...

CLÉMENCE.

Oh ! non.

EDGARD.

Eh bien ! dites-moi...

CLÉMENCE.

Écoutez, promettez-moi... Non, ce que je fais est très mal... c'est un secret qui ne m'appartient pas.

EDGARD.

Dites-le moi, quel qu'il soit, je le garderai, je vous l'affirme.

CLÉMENCE.

Je ne vous demande rien pour moi, mais vous me jurez que vous pardonnerez à Joseph!

EDGARD.

Comment! à René?

CLÉMENCE.

Oui.

EDGARD.

Je vous le jure, mais parlez donc!

CLÉMENCE.

Eh bien!...

SCÈNE XV

Les Mêmes, JOSEPH, VICTORINE.

JOSEPH.

Je vous demande pardon de vous avoir ainsi laissés. (A part, regardant Victorine.) Quel crampon!

EDGARD.

Tu es tout pardonné et d'ailleurs, tu m'avais laissé

en trop bonne compagnie pour que je t'en veuille... A propos, nous dînons au restaurant ce soir.

JOSEPH.

En garçons, hein!

VICTORINE.

J'espère que Monsieur est assez galant pour inviter les dames.

JOSEPH, à part.

Quel crampon!

EDGARD.

Mais c'est ainsi que je l'entends... Ah çà! je pense qu'on ne s'habille pas? on peut rester comme cela.

JOSEPH.

Moi, je me mets en habit, tu sais, question d'habitude. (A part.) Je n'ai que cela de bien.

CLÉMENCE, bas, à Edgard.

Tâchez de les éloigner et attendez-moi.

Elle sort à droite.

EDGARD.

Eh bien! c'est cela, allons nous apprêter!

Il sort par le fond en regardant si Joseph et Victorine vont s'habiller. — Fausse sortie de Joseph et Victorine à gauche.

SCÈNE XVI

VICTORINE, JOSEPH.

Pendant cette scène, Edgard entrebâille la porte du fond et écoute la conversation.

VICTORINE, arrêtant Joseph par le bras.

As-tu vu?

JOSEPH.

Quoi?

VICTORINE.

Tu n'as pas vu? Quand nous sommes entrés, ils se tenaient par la main.

JOSEPH.

Laisse donc!

VICTORINE.

Elle avait l'air assez ennuyé de notre arrivée.

JOSEPH.

Eh bien! Qu'est-ce que cela me fait?

VICTORINE.

Bien vrai, ça ne te fait rien?

JOSEPH.

Pardieu?

VICTORINE.

Alors tu ne l'aimes pas, dis?

JOSEPH.

C'est donc toujours la même chanson.

VICTORINE.

Je suis jalouse, moi. Eh bien, je n'en parlerai plus, dis moi seulement que tu m'aimes bien.

JOSEPH.

Mais oui!

VICTORINE.

Embrasse-moi, alors.

JOSEPH.

Prends donc garde, s'il nous voyait.

VICTORINE.

Tu as toujours peur, toi.

JOSEPH.

Tu es folle.

VICTORINE.

Je suis folle de toi! (Elle l'embrasse.) Et puis tu ne l'aimes pas, bien vrai?

JOSEPH, exaspéré.

Non... non... non... non...

Il sort. — Elle sort après lui, à gauche.

SCÈNE XVII

EDGARD, CLÉMENCE.

EDGARD, rentrant.

Je suis foudroyé... c'est infâme... chez lui, avec sa belle-sœur... et c'est qu'elle est jalouse encore... Pauvre petite femme! je le comprends ce secret qu'elle ne voulait pas me dire... Non, c'est affreux, c'est épouvantable... C'est une infamie...

CLÉMENCE, rentrant.

Chut!

EDGARD, la prend par les mains et la regardant fixement.

Ma pauvre enfant, je sais tout!

CLÉMENCE, se cachant la figure.

Tout?

EDGARD.

Tout, j'étais là, derrière la porte, attendant leur départ... j'ai tout compris... voyez-vous ce Joseph!... j'ai cru que j'allais lui sauter à la gorge.

CLÉMENCE.

Oh! je vous en prie!... ne faites pas cela... il croirait que c'est moi qui vous ai tout dit...

EDGARD.

Eh bien, quand cela serait...

CLÉMENCE.

Cela me pesait tant, j'ai si horreur du mensonge.

EDGARD.

Écoutez, je ne veux plus le voir.

CLÉMENCE.

Je comprends...

EDGARD.

Mais vous...

CLÉMENCE.

Moi... je continuerai la vie que je mène.

EDGARD.

Ce n'est pas possible.

CLÉMENCE.

A moins que vous ne m'emmeniez.

EDGARD.

Vous emmener?

CLÉMENCE, timidement.

Je suis libre... je ferai ce que vous voudrez.

EDGARD.

Libre?

CLÉMENCE.

Ou à peu près... je laisserai une lettre à M. de Mansac, et puis voilà tout.

EDGARD.

Et qu'est-ce qu'il dira?

CLÉMENCE.

Qu'est-ce que vous voulez que cela lui fasse?... je ne dirai pas où je vais, d'abord.

EDGARD.

Vous pouvez bien le lui dire... Ainsi, vous aimez mieux venir avec moi que de continuer cette vie-là.

CLÉMENCE.

Oh! oui! et je serai une bonne petite femme, vous verrez.

EDGARD.

Vous ne me le reprocherez jamais?

CLÉMENCE.

Oh! non, jamais.

EDGARD.

Eh bien! soit... A six heures au rapide du Havre.

CLÉMENCE.

Comment! si vite?...

EDGARD.

Croyez-vous donc que je veuille rester ici?

CLÉMENCE.

Non, c'est vrai, vous ne le pouvez pas.

EDGARD, à part.

Mon ami d'enfance... il l'a voulu, tant pis !

CLÉMENCE.

Vous dites?

EDGARD.

Je dis que je vous aime... A tout à l'heure.

Il sort par le fond.

SCÈNE XVIII

CLÉMENCE, puis VICTORINE et JOSEPH.

CLÉMENCE, seule.

Non, c'est un rêve!... (Appelant.) Joseph, Victorine ! (Ils entrent.) Devinez!

JOSEPH.

Quoi?

CLÉMENCE.

Il m'épouse.

JOSEPH.

Qui ça?

CLÉMENCE.

Edgard?

JOSEPH.

Quelle blague!

CLÉMENCE.

Parole d'honneur! il sait tout.

VICTORINE.

Vous lui avez tout dit?

CLÉMENCE.

Pas du tout... C'est vous, il vous a entendus là, tout à l'heure.

JOSEPH, à Victorine.

Quand je te disais à toi...

VICTORINE.

Qu'est-ce qu'il a dit?

CLÉMENCE.

Il est furieux après Joseph, vous comprenez? il ne veut plus vous voir.

JOSEPH.

Alors, on ne sera pas de la noce?

CLÉMENCE.

D'abord, nous ne nous marierons pas ici... Nous partons à six heures par le rapide.

JOSEPH.

Ah! bien, c'est un mariage pour rire.

CLÉMENCE.

Ah! que non... je suis une fille honnête, et je veux un bon mariage en Amérique ou ailleurs, mais un bon.

VICTORINE.

Comment, en Amérique?

CLÉMENCE.

C'est là que nous allons vivre.

VICTORINE.

C'est donc cela!

JOSEPH.

Vous n'en serez pas moins comtesse, pas vrai?

VICTORINE.

Une jolie comtesse, ma foi!...

CLÉMENCE.

Plus jolie que bien d'autres .. Allons, allons, Victorine, soyez donc gentille.

VICTORINE.

Mais je le suis.

JOSEPH.

Pardi... tant mieux pour elle. Et puis, c'est ce qui pouvait nous arriver de mieux, comme cela il ne dira rien aux maîtres, n'est-ce pas?

VICTORINE.

Ça, c'est vrai!

JOSEPH.

A quelle heure votre train?

CLÉMENCE.

A six heures.

JOSEPH.

Vous avez le temps alors.

CLÉMENCE.

Pas trop, parce que je voudrais bien aller m'acheter un costume de voyage au Louvre, et puis il faut que je laisse une lettre à Madame. (Elle s'asseoit à une table.) Mon petit Joseph, vous seriez bien gentil d'aller me chercher une voiture, et vous, Victorine, pour me prouver que vous me pardonnez, vous devriez bien me prendre là-haut le cache-poussière que Madame m'a donné.

VICTORINE.

Oui, oui, je sais...

Elle sort à gauche.

JOSEPH.

Ça me fait de la peine, Clémence, de vous voir partir... mais vous savez, au fond, je suis content pour vous.

CLÉMENCE, lui tendant la main.

Merci.

JOSEPH.

Je vais chercher le fiacre des adieux.

Il sort par le fond.

SCÈNE XIX

CLÉMENCE, puis VICTORINE.

CLÉMENCE, seule, écrivant.

Voyons... « Madame... » je ne peux pas lui dire que je deviens sa cousine... « Madame... » Ah !... « Je trouve une position avantageuse dans une famille américaine et je suis obligée de me décider immédiatement. J'espère que Madame ne m'en voudra pas et daignera accepter mes respects. Clémence!... » (Elle met la lettre dans une enveloppe, écrit l'adresse et se lève.) Comtesse!

VICTORINE, entrant, portant le cache-poussière.

Le voilà !

CLÉMENCE.

Merci, Victorine, vous êtes bien gentille.

Elle s'habille vivement.

SCÈNE XX

Les Mêmes, JOSEPH, puis EDGARD.

JOSEPH, entrant.

La voiture est en bas.

CLÉMENCE.

Eh bien, adieu, mes amis, allons! Victorine, embrassez-moi.

VICTORINE.

Bonne chance!

CLÉMENCE.

Merci! Adieu, Joseph.

JOSEPH.

Si madame la comtesse voulait me permettre de l'embrasser...

CLÉMENCE, à Victorine.

C'est la première et dernière fois... ne soyez pas jalouse... (Elle embrasse Joseph.) Allons, adieu!

VICTORINE et JOSEPH.

Vous nous donnerez de vos nouvelles, n'est-ce pas?

CLÉMENCE.

Je vous le promets. Adieu! (Edgard entre.) Comment, vous?

EDGARD.

Oui, j'ai à vous parler.

CLÉMENCE, s'adressant à Victorine et à Joseph.

Laissez-nous!

Ils sortent.

SCÈNE XXI

CLÉMENCE, EDGARD.

EDGARD, étonné.

Vous les renvoyez comme cela?

CLÉMENCE.

Naturellement... Qu'est-ce que vous me voulez?

EDGARD.

Écoutez, Clémence... j'ai réfléchi, ce que nous faisons est mal.

CLÉMENCE.

Mal, pourquoi?

EDGARD.

Oh! je comprends ce que vous avez sur le cœur... mais je vous assure que demain vous seriez la première à me mépriser et à me reprocher ma conduite.

CLÉMENCE.

Moi?

EDGARD.

Oui, vous!

CLÉMENCE.

Oh! c'est affreux!... Vous avez honte de moi!

EDGARD.

Pouvez-vous dire?...

CLÉMENCE.

Si vous habitiez la France, je comprendrais vos scrupules, mais là-bas...

EDGARD.

Non, c'est impossible, voyez-vous... là-bas comme ici...

Il se promène avec agitation.

CLÉMENCE, pleurant.

Oh! j'étais folle! folle!

EDGARD.

Voyons, je vous en prie.

CLÉMENCE.

Non, laissez-moi!

EDGARD.

Je vous en conjure, Clémence, ne pleurez pas ainsi, vous m'enlevez tout mon courage et je vous assure que j'enai besoin... Ah! il est heureux pour votre mari qu'il soit mon ami d'enfance.

CLÉMENCE.

Mon mari!... votre ami d'enfance! Vous ne savez donc rien?

On frappe.

EDGARD, ému.

On vient! Prenez garde!... Entrez!

Joseph entre en domestique, Victorine montre sa tête à la porte restée entr'ouverte.

SCÈNE XXII

Les Mêmes, JOSEPH, VICTORINE.

JOSEPH.

Pardon, monsieur le comte, c'est une dépêche pour Clémence... pour madame la comtesse.

Il donne la depêche à Clémence.

EDGARD.

Comment, monsieur le comte?... Clémence?... ce costume?... qu'est-ce que c'est que cette plaisanterie?

JOSEPH.

Oh! je ne me permettrais pas maintenant, avec monsieur le comte...

EDGARD.

M'expliquerez-vous?

CLÉMENCE, qui a lu la dépêche, la tend à Joseph.

Tenez! ils reviennent!

JOSEPH, lisant.

« Déraillement, fortes contusions, impossible continuer voyage, revenons cette nuit, attendez. Signé : de Mansac. »

EDGARD, prenant la dépêche.

De Mansac?

VICTORINE, arrivant.

Comment! les patrons?... Ils reviennent! (Joseph et Victorine tombent à genoux.) Ah! Monsieur! ne nous faites pas perdre une si bonne place...

JOSEPH.

C'était sans mauvaise intention...

VICTORINE.

De fil en aiguille...

JOSEPH.

Parce que Monsieur repartait...

VICTORINE.

Et que nous n'avons pas osé avouer...

JOSEPH.

Que nous jouions aux maîtres.

EDGARD.

Parfait, je comprends, c'est toujours la même chose : quand le chat n'est pas là, les souris dansent.

JOSEPH.

Pour une fois, monsieur le comte...

EDGARD.

Eh bien! pour une fois, il ne s'en est pas fallu de beaucoup que vous ne riiez jaune, mon ami : un peu plus, j'enlevais votre femme.

VICTORINE, vivement.

Ah! ça, jamais, monsieur le comte.

EDGARD, à Clémence.

Alors, vous n'êtes pas?...

CLÉMENCE.

Mais non, je ne suis pas sa femme,... j'étais libre, et je le suis encore.

EDGARD.

Ah! vous l'êtes encore, parfait, parfait... Eh bien!... puisque ma cousine revient, je lui demanderai conseil.

JOSEPH.

Monsieur le comte, il vaudrait peut-être mieux...

CLÉMENCE.

N'en pas parler. (Souriant à demi.) Les femmes sont si jalouses.

EDGARD.

Allons, vous êtes une femme d'esprit... Eh bien! alors, nous n'en dirons rien. (A Joseph, d'un ton sec.) Joseph! (Joseph ne répond pas. Edgard, plus haut.) Joseph!

VICTORINE à Joseph.

Mais c'est toi...

JOSEPH.

Voilà! Monsieur.

EDGARD.

Vous remonterez ma valise.

Il sort.

JOSEPH.

Bien, Monsieur!

VICTORINE, riant.

Il ne te tutoie plus.

JOSEPH.

Je le lui défends bien. (A Clémence.) Allons, allons, ma pauvre Perrette...

CLÉMENCE.

Perrette! pourquoi donc cela? Je n'ai pas cassé ma cruche.

Rideau.

UNE
CARRIÈRE D'OCCASION

COMÉDIE EN UN ACTE

Avec la collaboration de Lucien PEREY.

PERSONNAGES

GROSMINET.
JACQUES DE VALBRUN.
LUDOVIC PANNÉ.
MITON.
ROUGET, père.
ROUGET, fils.
MADAME GROSMINET.
HENRIETTE GROSMINET.
JOSÉPHINE.

Le nombre des personnages peut être réduit à six, en coupant les scènes IX et X.

UNE CARRIÈRE D'OCCASION

SCÈNE PREMIÈRE

MADAME GROSMINET, HENRIETTE.

Toutes deux assises au coin du feu travaillent.

MADAME GROSMINET.

Henriette, voilà une heure et demie que tu travailles sans avoir dit un mot, mon enfant, cela n'est pas naturel.

HENRIETTE.

Maman, je compte mes mailles.

MADAME GROSMINET.

Je crois plutôt que tu me contes une histoire avec tes mailles.

HENRIETTE.

Mais, maman, je t'assure...

MADAME GROSMINET.

Eh bien ! alors, ton ouvrage t'absorbe trop, laisse-le, et causons. Savez-vous, Mademoiselle, que vous m'avez tout l'air d'avoir des secrets pour votre maman?

HENRIETTE.

Qu'est-ce qui peut te faire croire ?

MADAME GROSMINET.

Voyons, mon enfant! Est-ce que l'on cache quelque chose à sa mère? Est-ce que dès le premier jour qui a suivi ton retour de chez ta tante, je n'ai pas deviné qu'il y avait quelque chose de nouveau dans cette petite tête? Pourquoi ne me l'as-tu pas confié?

HENRIETTE.

Oh! maman, je n'aurais jamais osé.

MADAME GROSMINET.

Allons, il faut que ce soit moi qui fasse les avances. Eh bien! Mademoiselle, votre tante m'a écrit et elle me parle d'un certain jeune homme...

HENRIETTE.

M. Jacques !... Elle en dit du bien, n'est-ce pas ?

MADAME GROSMINET.

Et toi ?

HENRIETTE.

Moi, je n'en dis pas, mais j'en pense beaucoup.

MADAME GROSMINET.

Beaucoup !... et c'est pour cela que tu ne m'en parlais pas ?

HENRIETTE.

Maman, je te demande pardon.
Elle embrasse sa mère, passe à droite, et s'assied près d'elle.

MADAME GROSMINET.

Eh bien?

HENRIETTE.

Eh bien! maman, tu sais qu'il est le fils d'une amie intime de ma tante, si bonne, si aimable, et qui m'a reçue d'une façon si charmante!...

MADAME GROSMINET.

Et qui a le grand mérite d'être la mère de son fils.

HENRIETTE.

C'est vrai!

MADAME GROSMINET.

Et puis?

HENRIETTE.

Que veux-tu que je te dise?... il venait tous les soirs... j'étais contente de le voir, mais je ne me suis aperçue que je l'aimais que le premier jour où il n'est pas venu.

MADAME GROSMINET.

Et lui?

HENRIETTE.

Ah! maman, je n'en sais rien, il ne me l'a jamais avoué.

MADAME GROSMINET.

C'est peut-être la meilleure preuve qu'il pût en donner.

HENRIETTE.

Tu crois?

MADAME GROSMINET.

Oui, et je puis même ajouter, je le sais. (Henriette saute au cou de sa mère.) S'il ne l'a pas dit chez ta tante, il te le dira peut-être ici : je l'attends.

HENRIETTE.

Lui!

Elle se lève et s'arrange les cheveux devant la glace.

MADAME GROSMINET.

Ta tante m'annonce qu'il désire nous être présenté. Tout ce qu'on dit de lui me plaît beaucoup, mais je crains que le moment ne soit bien mal choisi à cause des préoccupations de ton père.

HENRIETTE.

Oh! maman, papa m'aime tant, et puis je suis sûre que M. Jacques va lui plaire tout de suite.

MADAME GROSMINET.

Je n'en suis pas si certaine Ton père est tellement occupé de sa statue et de son élection que je n'ai pas encore pu lui dire un mot de la lettre de ta tante, mais j'attends la première occasion d'en causer avec lui.

GROSMINET, à la cantonade.

Le sculpteur est-il arrivé ?

MADAME GROSMINET, à Henriette.

Tiens, justement le voici.

HENRIETTE, embrassant sa mère.

Oh ! maman, tâche de lui en parler.

SCÈNE II

MADAME GROSMINET, GROSMINET, HENRIETTE.

GROSMINET.

Oh ! je n'en peux plus. (Il s'essuie le front.) Ma tête éclate.

Henriette s'asseoit dans un coin et travaille.

MADAME GROSMINET.

Calme-toi, mon ami, tu vas te rendre malade.

GROSMINET.

Me calmer? non, tu es impossible! me calmer! On voit bien que tu ne te doutes pas de ce que c'est que de gouverner les hommes.

Il se promène avec agitation.

MADAME GROSMINET.

Qu'est-ce qui est arrivé ?

GROSMINET.

C'est à n'y pas croire. Figure-toi, ma chère amie, que ces imbéciles de conseillers municipaux, quand je leur ai annoncé, moi, leur maire, que la statue que j'offre à la ville, arrivait aujourd'hui, au lieu de me voter des remerciements, n'ont jamais pu s'entendre sur l'endroit où l'on devait la placer.

MADAME GROSMINET.

Ce n'est pas bien grave.

GROSMINET.

Comment, ce n'est pas grave! Tu vas voir... Lorsque j'ai proposé la place de l'Eglise, Chalumeau a pris la parole et a soufflé la discorde en déclarant que ma proposition était une basse flatterie à l'adresse du clergé.

MADAME GROSMINET.

Mais, mon ami, n'écoute pas Chalumeau.

GROSMINET.

Ça n'est pas tout. Trottin, à son tour, a soutenu qu'élever une statue à un général était la glorification des traîneurs de sabre et, par dérision, il a osé proposer de mettre la statue sur la place de l'Abattoir.

Henriette se lève.

MADAME GROSMINET.

Mais c'est horrible!

HENRIETTE, bas, à sa mère.

Mère, ce n'est pas le moment!

GROSMINET.

Ah! tu trouves que ce n'est pas le moment de glorifier un héros! Ah! vous élevez bien vos filles, madame,... et l'on veut que la France se relève!...

HENRIETTE, tremblante.

Mais, papa, il ne s'agissait pas de cela!

GROSMINET.

Et de quoi peut-il s'agir? de chiffons peut-être? Tenez! vous me faites pitié.

Henriette sort en pleurant.

MADAME GROSMINET.

Mon ami, tu es bien dur pour cette pauvre enfant.

GROSMINET.

Mais, tu ne vois donc pas, Clémence, que mon élection est en jeu. Le marquis de Malassis a répondu à Trottin et à Chalumeau, que lui, fils de général, prenait comme une offense personnelle, le choix de la place de l'Abattoir. Vois-tu ma situation ? La place de l'Église ! toute la gauche du conseil municipal vote contre moi comme clérical. La place de l'Abattoir, toute la droite me lâche comme révolutionnaire.

MADAME GROSMINET.

Mets-la sur la promenade, au centre de la ville.

GROSMINET.

Au centre, mais, malheureuse, tu ne sais donc pas où ça mène, les centres ! J'aurai les deux partis contre moi. Je serai aplati comme une feuille dans un herbier.

MADAME GROSMINET.

Mon pauvre ami, quelle fâcheuse inspiration tu as eue là ! Nous étions si tranquilles, si heureux, avant que tu ne t'occupasses de politique ! Voilà Henriette, qui est bientôt d'âge à se marier...

GROSMINET.

Raison de plus. Si j'étais député...

MADAME GROSMINET.

C'est donc bien tentant d'être député ?

GROSMINET, avec conviction.

Je trouve indigne, quand on a en soi des talents et

des facultés dont le pays a besoin, d'obéir à un vil sentiment de respect humain qui vous empêche de solliciter les suffrages de gens qui ne vous valent pas.

MADAME GROSMINET.

Peut-être as-tu raison ?

GROSMINET.

J'en suis tellement convaincu que je ne regrette nullement les sacrifices que je me suis imposés pour cette statue qui doit être le piédestal de mon mandat! A propos, j'ai là une lettre de mon sculpteur qui m'annonce son arrivée. Il dînera avec nous, bien entendu.

MADAME GROSMINET.

Mais tu ne m'as prévenue de rien, mon ami.

GROSMINET.

Bah! pour un artiste !

MADAME GROSMINET.

Encore faut-il qu'il y ait de quoi dîner.

Elle sort à droite.

SCÈNE III

GROSMINET, seul.

Non, je ne me repens pas, mais si vous vous imaginez que c'est facile de se faire nommer député! Tout est usé, tout! Autrefois on promettait des écoles : il y en a partout ; — un chemin de fer d'intérêt local : ils savent qu'on leur fera prendre des actions qui ne donnent jamais de dividendes. Un pont? Ça, le pont, ça ne manque jamais son effet! mais à Saint-Aubin il n'y a pas de rivière. Enfin, j'ai bien réfléchi et je me suis dit : Pourquoi Saint-Aubin-les-Vertus n'a-t-il pas de statue sur la place publique? Allez à Paris, (je ne compare pas, mon Dieu! je sais bien que Saint-Aubin n'est pas une capitale), mais enfin! allez à Paris, Place de la Concorde, statues, Place Royale, statue, Place des Pyramides, statue. Or un de mes amis qui habite Paris, m'a trouvé un jeune sculpteur pas très connu, dans les prix doux : et, de confiance, sans l'avoir même vu, je lui ai commandé la statue du général Pitou, pas très connu non plus, le général, je l'ai découvert dernièrement dans les archives de la mairie,..... mais il est du cru. Je suis d'un ému...

SCÈNE IV

JACQUES, GROSMINET, JOSÉPHINE.

JOSÉPHINE, annonçant.

Monsieur, il y a un monsieur de Paris qui vous demande.

GROSMINET, vivement.

Fais-le entrer.

JACQUES, timide.

Monsieur Grosminet ?

GROSMINET.

Ah ! mon ami, je vous attendais avec impatience ! J'ai reçu, ce matin, la lettre qui m'annonçait votre arrivée. Vous n'êtes pas trop fatigué ? Vous avez fait un bon voyage ? Elle aussi ? (Mouvement de Jacques.) Elle est à la gare, très bien. Nous la ferons chercher.

JACQUES.

Pardon, Monsieur, mais n'ayant pas l'honneur d'être connu de vous...

GROSMINET.

Vous n'espériez pas un accueil aussi sympathique, mais je vous connais mieux que vous ne pensez. La personne qui m'a parlé de vous m'en a fait le plus grand éloge et, ma foi, mon choix a été bientôt fait.

JACQUES, à part.

Ah ! la lettre de sa sœur. (Haut.) Monsieur, je tremble de ne pas répondre à la bonne opinion que vous voulez bien avoir de moi.

GROSMINET.

Ayez confiance, jeune homme, ayez confiance, je suis plus ému que vous, allez ! Cela fera époque dans ma vie.

JACQUES.

Dans la mienne aussi.

GROSMINET.

Pas autant!

JACQUES.

Ah! Permettez!

GROSMINET.

Pas autant, vous dis-je; ce matin même, j'ai soutenu une lutte terrible!

JACQUES, inquiet.

Il y a de l'opposition?

GROSMINET.

Et une fameuse!

JACQUES, timidement.

Madame Grosminet?

GROSMINET.

Ma femme! Allons donc! Elle n'a pas d'autre opinion que la mienne.

JACQUES.

Mademoiselle votre fille, alors?

GROSMINET.

Eh bien! il ne manquerait plus que cela! Est-ce que cela regarde les petites filles?

JACQUES.

Pardon ! il me semble que cela la regarde bien un peu.

GROSMINET.

Comme tout ce qui touche à son père, mais l'opposition que nous aurons à combattre est plus sérieuse !

JACQUES.

Vous m'effrayez.

GROSMINET.

J'avais décidé que cela se passerait sur la place de l'Église, et qu'on la mettrait au beau milieu, couverte de son voile et entourée d'une grille...

JACQUES, ahuri.

Comment !

GROSMINET, sans l'écouter.

Quand Chalumeau... Vous ne connaissez pas Chalumeau ?

JACQUES.

Non, je n'ai pas ce plaisir.

GROSMINET.

Eh bien ! ce n'est pas moi qui vous le présenterai. Quand cet animal de Chalumeau, — ça vous est égal que je l'appelle animal, puisque vous ne le connaissez pas, moi, ça me soulage, — cet animal prend la parole pour me traiter de clérical. Il ne veut pas de l'église.

JACQUES, à part.

Ah! il ne veut pas de l'église ? Ils sont avancés, ici. (Haut.) Mais de quel droit M. Chalumeau?...

GROSMINET.

Parce qu'il est du conseil municipal, parbleu.

JACQUES.

Mais ça n'est pas une raison.

GROSMINET.

Ils se croient tout permis. Ça n'est pas tout, il veut qu'on la mette sur la place de l'Abattoir!

JACQUES, au comble de la surprise.

De l'Abattoir! (A part.) Cet homme est fou!

GROSMINET.

J'ai refusé carrément d'y consentir. J'en ai le droit, en ma qualité de maire.

JACQUES, à part.

Il veut dire père. (Haut.) Je l'espère bien.

GROSMINET.

Ah! vous comprenez qu'on se révolte, vous! Eh bien! vous m'aiderez, nous tâcherons d'arranger ça; en attendant, vous dînez avec nous?

JACQUES.

Vous êtes trop bon, j'accepte avec reconnaissance, mais j'ai hâte d'offrir mes hommages à ces dames; oserai-je vous prier de me présenter?

GROSMINET.

Certainement; ma femme va vous tenir compagnie pendant que je m'habillerai pour présider ma huitième commission. Ah! ce n'est pas une sinécure, allez, que d'être maire d'une ville comme Saint-Aubin-les-Vertus. Croyez-moi, jeune homme, ne vous lancez jamais dans la politique, méditez ce conseil! Je vais avertir ma femme.

Il sort.

SCÈNE V

JACQUES, seul, puis LA BONNE.

JACQUES.

Méditez ce conseil! Ah! j'ai bien autre chose à méditer. Du diable si je m'attendais à ce qui m'arrive! Je ne sais plus où j'en suis, ma parole d'honneur. On n'a pas idée d'une conversation semblable, à propos de mariage... Récapitulons un peu!... Voyons ce qu'il m'a dit.

LA BONNE, entrant à gauche.

Monsieur n'est pas là?

JACQUES.

Non, il vient de sortir!

LA BONNE, à la cantonade.

Entrez, Monsieur, je vas l'avertir.

JACQUES.

Bon! un importun au moment où ces dames vont arriver. (Se retournant.) Ludovic!

SCÈNE VI

JACQUES, LUDOVIC.

LUDOVIC.

Ah! cette vieille branche! Bonjour, ma vieille!

JACQUES.

Toi, ici! et par quel hasard?

LUDOVIC.

Le hasard! Non!... Ces rentiers, ma parole d'honneur... Apprends que je suis attendu ici, avec la dernière impatience.

JACQUES.

Tu connais les Grosminet?

LUDOVIC.

Non!

JACQUES.

Et ils t'attendent avec impatience?

LUDOVIC.

Oui!

JACQUES.

Ah! je te préviens que je ne suis pas en humeur de poser. Qu'est-ce que tu viens faire ici?

LUDOVIC.

Et toi?

JACQUES.

Moi, je suis amoureux fou de mademoiselle Grosminet et je viens demander sa main.

LUDOVIC.

Cela ne me déplait pas, continue.

<small>Il indique un siège à Jacques, qui s'asseoit.</small>

JACQUES.

Eh bien! j'arrive très ému, très inquiet de l'accueil que je vais recevoir d'une famille que je ne connais pas, lorsque je tombe sur un bonhomme de père qui me tend les bras, me dit qu'il m'a choisi entre tous, et qu'il m'attendait avec impatience.

LUDOVIC.

Tu as de la veine, toi!

JACQUES.

Seulement...

LUDOVIC.

Ah! il y a un seulement?

JACQUES.

Oui! seulement il ajoute : mais il y a de l'opposition, la lutte sera terrible... Je voulais la mettre sur la place de l'Église entourée d'une grille, Chalumeau s'y oppose et veut la mettre sur la place de l'Abattoir, puis il me quitte en m'engageant à ne pas m'occuper de politique... Je crois que...

LUDOVIC, riant, se lève.

Tu crois qu'il a un hanneton?... Ah! elle est bien bonne!... J'en rirai longtemps!

JACQUES.

Ce n'est pas si drôle que ça.

LUDOVIC.

Ah bien! vrai! tu es difficile. (Avec emphase.) Comment! on te prend pour Michel-Ange et tu n'en es pas plus fier.

JACQUES.

Pour Michel-Ange? Tu deviens fou aussi!

LUDOVIC.

On m'attendait. On t'a pris pour moi. Tel que tu

vois, Bibi, papa Grosminet est venu le chercher. Pas bête, papa Grosminet, il a du nez!

JACQUES.

Te chercher! Comme quoi?

LUDOVIC.

Comme artiste, parbleu! Crois-tu pas que c'est pour bêcher son potager! Oui, il m'a écrit à moi, Ludovic Panné, et il m'a commandé la statue du général Pitou.

JACQUES.

Pitou! Qu'est-ce que c'est que ça?

LUDOVIC.

Ni moi non plus. C'est un indigène de Saint-Aubin-les-Vertus, mon cher, faut pas blaguer.

JACQUES.

Et tu as fait sa statue sans le connaître? Avais-tu un portrait au moins?

LUDOVIC.

Je l'ai faite de chic. Tous les généraux, ça se ressemble; l'air martial, une énorme moustache, une épée à la main, et des décorations, tu vas voir,... c'est épatant! C'est un invalide qui m'a posé cela.

JACQUES.

Je comprends! C'est ta statue qu'il voulait mettre sur

la place de l'Église, et il ne m'a si bien reçu que parce qu'il m'a pris pour son sculpteur? Mon ami, je suis perdu, il m'en voudra à mort de s'être trompé.

LUDOVIC.

Si tu ne le détrompais pas?

JACQUES.

Comment?

LUDOVIC.

Je suis ici pour vingt-quatre heures, je te cède mon titre et ma gloire! Prends ma place.

JACQUES.

Tu es fou, vraiment!

LUDOVIC.

Mais non, cela te donne tes entrées. Tâche de lu plaire, et puis, sa conquête faite, tu lui avoueras tout.

JACQUES.

Tu crois?... Non! c'est impossible!

LUDOVIC.

Mais si! Seulement, j'y mets une condition. Je veux être présent et voir comment tu représentes l'art.

JACQUES.

Tu ne peux pas rester, tu te trahirais.

LUDOVIC, vivement.

Attends, j'ai une idée!... Tu as devant toi, Anatole Polycarpe Pitou, le neveu et dernier descendant du grrrand général Pitou.

JACQUES.

Tu es embêtant à la fin, avec tes scies d'atelier.

LUDOVIC.

Mais je ne blague pas:...Toi, le sculpteur, tu me présenteras comme le neveu de ton sculpté et tu verras comme cela fera bien dans la petite fête de-famille.

JACQUES.

Tu es insensé, voyons !

LUDOVIC.

Moi, en neveu de général ! tu verras ça. Quand me présentes-tu?

JACQUES.

Mais non, encore une fois...

On entend Grosminet à la cantonade.

LUDOVIC.

On vient... Je me présente tout seul, alors.

SCÈNE VII

Les Mêmes, GROSMINET.

GROSMINET.

J'ai été un peu longtemps. Je vous demande pardon.

LUDOVIC, poussant Jacques.

Allons, va donc.

JACQUES, à Grosminet.

Monsieur, permettez-moi de vous présenter un de mes amis.....

LUDOVIC, l'interrompant.

Anatole Pitou, Monsieur,... mon oncle, l'illustre général Pitou, méritait bien...

GROSMINET, avec effusion.

Vous seriez l'oncle de mon général ?

LUDOVIC, ironique.

Non, pas son oncle, son neveu.

GROSMINET.

C'est ce que je voulais dire. Ah! Monsieur, quel honneur!... Vous allez pouvoir me donner quelques renseignements sur votre oncle, n'est-ce pas? car j'en possède fort peu... et pour mon discours...

LUDOVIC.

Très volontiers. Songez donc, on m'a bercé avec les histoires de ce grand guerrier.

GROSMINET.

Ah! Monsieur, que je suis heureux! Oserai-je vous demander quelle était sa spécialité?

LUDOVIC.

Il n'en avait pas. Le propre d'un grand homme est d'être apte à tout.

GROSMINET.

Comment dites-vous?

LUDOVIC.

Apte à tout!

GROSMINET.

Apte à tout! Très bien. Mais dites-moi, pour que je puisse en parler dans mon discours, ce qui a eu le plus de retentissement dans sa carrière.

LUDOVIC.

Dans sa carrière?... (Avec conviction.) Les tambours!
Jacques fait un signe de désespoir.

GROSMINET.

Comment! les tambours?

LUDOVIC.

Oui, le général aimait le soldat et il savait qu'au jour du combat le tambour l'électrise. (Au public.) Ça n'est pas l'avis de tout le monde... (Reprenant.) Or, un matin, au moment de livrer bataille, il pleuvait, la peau du tambour était mouillée, l'instrument ne résonnait plus.

GROSMINET.

Que fit-il?

LUDOVIC, simplement.

Il remit la bataille au lendemain.

GROSMINET, désappointé.

Ah!

Jacques est de plus en plus navré.

LUDOVIC.

Mais ce n'est pas tout.

GROSMINET.

Ah! tant mieux!

LUDOVIC, avec conviction.

Pendant les vingt-quatre heures de répit, il inventa une graisse acoustique, qui décuplait le son du tambour mouillé. Malheureusement, il reçut une balle en plein cœur et mourut en emportant sa recette.

GROSMINET.

Quelle perte!

LUDOVIC.

Oui, quelle perte! Une recette particulière qui permettait de mieux battre la générale.

GROSMINET.

Comment! le général battait sa femme!

LUDOVIC.

Qu'est-ce qui vous dit cela? (A Jacques.) C'est toi qui fais courir ces bruits-là?

Madame Grosminet entre à droite.

JACQUES.

Mais non!... Ah! ces dames! Dieu soit loué !

GROSMINET.

Ma chère amie, je te présente Monsieur...

LUDOVIC.

Pitou!... M. Anatole Pitou.

GROSMINET.

M. Pitou, le neveu de mon général.

MADAME GROSMINET, le saluant.

Je suis charmée de faire votre connaissance, Monsieur. C'est une bonne fortune de vous avoir ici.

LUDOVIC.

Madame, je n'aurais voulu pour rien au monde manquer à une fête de famille : mon ami a bien voulu se charger de me présenter.

GROSMINET.

Ah! oui, mon amie, je te présente aussi M. Ludovic Panné, l'auteur de la statue! Ah çà! Henriette?... elle ne vient donc pas?

MADAME GROSMINET.

Si, elle était avec moi.

GROSMINET, à part, regardant Ludovic.

Un neveu de général! C'est ça qui serait beau!

JACQUES, à Ludovic.

Emmène le mari.

LUDOVIC.

Suffit! (A M. Grosminet.) Dites donc, monsieur Grosminet, vous avez des archives qui parlent de ma famille. Pourrait-on voir ces paperasses?

GROSMINET.

Mais oui; seulement... je ne les ai pas ici, elles sont à la mairie.

LUDOVIC.

Ça ne fait rien, nous en grillerons une, en y allant.

GROSMINET, à part.

Il a du sang de héros dans les veines, ça se voit! (A Jacques.) Vous ne venez pas?

JACQUES.

Merci, Monsieur, permettez-moi de rester avec Madame.

Ludovic salue. — Ils sortent à gauche.

SCÈNE VIII

MADAME GROSMINET, JACQUES, puis HENRIETTE.

JACQUES.

Pardonnez-moi, Madame, la façon dont je me présente chez vous?

MADAME GROSMINET.

Mais, Monsieur, je n'y vois rien que de très naturel,... mon mari m'avait prévenue de votre arrivée, et d'ailleurs, votre titre d'artiste vous assurait le meilleur accueil.

JACQUES.

Hélas! Madame, je ne suis pas artiste, c'est un titre usurpé.

MADAME GROSMINET.

Comment, Monsieur?...

JACQUES.

Non, Madame, je suis Jacques de Valbrun.

MADAME GROSMINET.

Monsieur de Valbrun!

JACQUES.

Voilà ma lettre d'introduction auprès de vous, une lettre de madame votre sœur!

MADAME GROSMINET.

Mais alors, expliquez-moi, pourquoi M. Grosminet vous présente comme un sculpteur?

JACQUES.

Quand je suis entré, M. Grosminet m'a accueilli à bras ouverts, mais sans me laisser placer un mot. Je suis resté stupéfait de cet empressement; l'arrivée de Ludovic m'a tout expliqué.

MADAME GROSMINET.

L'arrivée de Ludovic! Je ne comprends plus du tout.

JACQUES.

Hélas! Madame, Ludovic n'est pas plus Anatole Pitou que je ne suis Ludovic.

MADAME GROSMINET, se levant.

Ah çà! quel jeu jouons-nous, Monsieur? Ceci ressemble fort à une mystification.

JACQUES.

Involontaire, Madame, je vous le jure. Votre mari s'est trompé, et, sans réfléchir à ce que je faisais, je l'ai laissé dans l'illusion, mais maintenant j'ai hâte de réparer ma faute et je vous demande votre appui.

MADAME GROSMINET.

Oh! pas si vite, Monsieur. Pourquoi inventer ce neveu de général?

JACQUES.

Madame, c'est une invention de Ludovic. J'ai vainement essayé de l'en empêcher, il n'a rien voulu entendre.

MADAME GROSMINET.

Mais, Monsieur, vous n'avez pas songé au ridicule qui pouvait rejaillir sur mon mari: il va présenter ce jeune homme dans toute la ville.

JACQUES.

C'est vrai, Madame, mon étourderie est inconcevable! Que faire?

HENRIETTE, entrant à droite.

Ah!... monsieur Jacques!

6.

JACQUES, saluant.

Mademoiselle!... Madame, je vous en supplie, lisez la lettre de madame votre sœur, peut-être plaidera-t-elle en ma faveur?

MADAME GROSMINET.

Soit! Monsieur, je le désire!

Elle lit.

HENRIETTE, à Jacques.

Comme vous avez l'air préoccupé !

JACQUES.

On le serait à moins. Mademoiselle, mon sort se décide peut-être?

HENRIETTE, à Jacques, timidement.

Vous savez donc ce qu'il y a dans cette lettre?

JACQUES.

Pas complètement, Mademoiselle, mais je m'en doute un peu : votre tante sait si bien ce que je pense.

HENRIETTE.

Et vous l'avez prise pour confidente. Vous la croyez bien discrète. Eh bien! pas du tout, elle a tout dit à maman!

JACQUES.

Tout!... quoi?... Vous avez deviné?

HENRIETTE.

Je n'ai rien deviné, puisque c'est ma tante qui l'a dit.

JACQUES.

Et vous lui en voulez, à votre tante?

HENRIETTE.

Pas trop!

JACQUES.

Et à moi?

HENRIETTE, à demi-voix.

Pas du tout!

MADAME GROSMINET.

Henriette! va me chercher mon ombrelle, je te prie!

Henriette sort à droite en faisant une moue.

JACQUES.

Vous renvoyez mademoiselle votre fille, Madame! vous ne me pardonnez donc pas.

MADAME GROSMINET.

Je le devrais, Monsieur, mais, grâce à ma sœur, je consens à ne pas vous juger sur cette étourderie, seulement j'y mets une condition; vous ferez partir votre ami et cela le plus tôt possible.

JACQUES.

Je vous le promets. Merci.

HENRIETTE, rentrant, apportant l'ombrelle.

Voici, maman ! Est-ce que je peux rester?

MADAME GROSMINET.

Oui, enfant terrible.

LA BONNE, entrant.

Madame, il y a là l'ancien maire avec M. Rouget.

MADAME GROSMINET.

Faites-les entrer.

SCÈNE IX

Les Mêmes, M. MITON, l'ancien maire, MM. ROUGET, père et fils.

LA BONNE.

M. Miton et MM. Rouget

M. MITON, à madame Grosminet.

Madame, vous m'excuserez d'envahir ainsi votre salon. C'est la faute de votre mari : il a tenu à ce que la commission se réunit ici.

MADAME GROSMINET.

Trop heureuse, Monsieur, de mettre mon salon à votre disposition.

ROUGET, mielleux.

Du reste, Madame, il serait difficile de choisir un meilleur terrain, car toujours, dit-on, la concorde règne où règne la beauté, n'est-ce pas, monsieur le maire?

MITON, aigre.

Mais, ne m'appelez donc pas monsieur le maire! Vous semblez oublier devant Madame les services importants rendus par son mari, le maire actuel.

MADAME GROSMINET.

Mon Dieu, Monsieur, quels qu'ils soient, je suis certaine qu'ils ne feront pas oublier les vôtres.

ROUGET.

Madame, je vous présente mon fils, qui fait aujourd'hui ses débuts dans la carrière diplomatique, car j'espère que M. Grosminet voudra bien l'admettre malgré sa jeunesse, au sein de la commission, n'est-ce pas, monsieur le maire?

MITON, plus agacé.

Mais ne m'appelez donc pas monsieur le maire!

ROUGET.

C'est vrai.. l'habitude.

MADAME GROSMINET.

Messieurs, je vais vous envoyer mon mari. Viens, Henriette, laissons ces messieurs travailler.

Elles sortent à gauche. — Jacques les accompagne jusqu'à la porte.

SCÈNE X

MITON, ROUGET, père et fils, GROSMINET, LUDOVIC, JACQUES.

MITON, désignant Jacques.

Vous connaissez ce monsieur?

ROUGET, aimable.

Moi, non, monsieur le maire.

MITON, énervé.

Ne m'appelez donc pas monsieur le maire!

ROUGET.

C'est vrai... l'habitude.

MITON.

C'est sans doute un agent électoral, à la solde de Grosminet. Il va bien. Ah! mon Dieu! si ça ne fait pas pitié!

Grosminet entre avec Ludovic à gauche.

GROSMINET.

Tous réunis? Je suis désolé! Je vous ai fait attendre. (Au jeune Rouget.) Eh bien! jeune homme, vous êtes des nôtres, à la bonne heure!

MITON, à part.

Ah! oui, va! de la popularité, on connaît ça.

GROSMINET.

Messieurs, je vous présente l'auteur de notre statue, un jeune artiste d'un grand avenir qui a voulu être témoin du bon accueil que vous ferez certainement à son œuvre.

JACQUES, bas, à Grosminet.

Pardon, Monsieur, mais je voudrais vous dire...

GROSMINET.

Tout à l'heure, mon ami, tout à l'heure, en ce moment vous voyez... mais surtout, Messieurs, je vous présente quelqu'un que ni vous ni moi, n'avions jamais espéré posséder dans nos murs. Je vous présente, Messieurs, le descendant et le neveu de l'illustre général Pitou dont la mort a brisé...

LUDOVIC, bas, à Grosminet.

Ne décrochez pas le grand ressort, nom d'une pipe!

GROSMINET.

Quoi?

LUDOVIC.

Pas d'erreur, donc! c'est pas le moment du discours. (Aux membres, les saluant.) Eh bien! Messieurs, puisque le papa Grosminet m'a présenté, je vous la serre, et, parole d'honneur, je ne regrette pas d'être venu. (A Jacques.) Et toi, ma vieille, tu le regrettes?

JACQUES, à part.

Il faut que je te parle, immédiatement. Viens !
Il sort. Ludovic hausse les épaules et reste.

GROSMINET.

Messieurs, veuillez vous asseoir !

MITON.

Monsieur le maire, si on constituait le bureau ?

GROSMINET.

Mais oui, on va procéder à l'élection.

LUDOVIC.

Une loterie! J'ai mon chapeau, c'est le dernier numéro sortant qui gagne.

MITON.

Monsieur, ce n'est pas une loterie, c'est un jugement.

LUDOVIC.

Fallait donc le dire, j'aurais apporté une pomme.

TOUS ENSEMBLE.

Une pomme !

LUDOVIC.

Pardié, oui ! Pour Vénus. Vénus, c'est le président. On donnera les pépins au secrétaire.

MITON.

Je propose de commencer.

LUDOVIC, l'interrompant.

Par le président?

MITON.

Oui, Monsieur.

LUDOVIC.

Est-ce que je puis me porter?

GROSMINET.

Non, il serait préférable que vous restassiez en dehors de la commission. Je propose comme président M. Miton.

LUDOVIC.

Parfait!... parfait! (Quêtant avec son chapeau.) Allons! les votes pour M. Miton?

ROUGET, fils.

Pardon, Monsieur. Avec quoi vote-t-on?

LUDOVIC.

Tiens! c'est vrai!... Monsieur Grosminet, avez-vous des cigares?

GROSMINET.

Oui, mais ma femme ne désire pas qu'on fume dans son salon.

LUDOVIC.

Fumer! moi, chez des femmes! Ah! fi donc! les cigares, c'est pour voter. On vote dans mon chapeau. Le cigare tient lieu de bulletin Miton. L'absence de ci-

7

gare équivaudra à un bulletin blanc. C'est sérieux, hein ! Et surtout, mettez des cigares. (Recueillant les votes.) Combien de votants ?

GROSMINET.

Cinq !

LUDOVIC.

Je dépouille : 1, 2, 3, 4, 5 cigares. Eh bien ! Monsieur Miton, vous avez confiance en vous ! Ça me va.

Il met les cigares dans sa poche.

GROSMINET, à Miton.

Monsieur, veuillez prendre le fauteuil présidentiel.

LUDOVIC, plaçant la table devant Miton.

Avez-vous une sonnette ?

GROSMINET.

Une sonnette ?

LUDOVIC.

Naturellement ! un président sans sonnette, voyons, ce serait-il un président !

MITON.

Il a raison, c'est un des attributs du pouvoir. (Ludovic lui donne une sonnette.) Messieurs, puisque vous m'avez fait l'honneur...

LUDOVIC.

Avez-vous un verre d'eau ?

MITON.

Un verre d'eau ?...

LUDOVIC.

Eh bien! oui. A la tribune, pas de verre d'eau ! Vous n'avez donc pas une esquisse des mœurs parlementaires ?

Il sonne.

LA BONNE.

Monsieur a sonné ?

LUDOVIC.

Eh bien! ma petite, faut nous tirer du champagne de roche.

LA BONNE.

Monsieur, c'est Madame qui a la clef de la cave.

LUDOVIC.

Cotez-moi c'te candeur! (A la bonne) As-tu la clef de la pompe ?

LA BONNE.

Oui, dame! Elle ne se ferme point.

LUDOVIC.

Eh bien! tires-en un seau pour Monsieur.

LA BONNE, en s'en allant.

Il est rigolo! celui-là!

LUDOVIC.

Monsieur le président, faudrait peut-être maintenant nommer votre fourniture !

MITON.

Monsieur, je ne comprends pas.

ROUGET, fils.

Moi, j'ai compris ! La fourniture, c'est ce qui accompagne les pièces de résistance.

LUDOVIC.

Toi, t'es pas bête... Tu es du cru ?

ROUGET, père, se levant.

Oui, Monsieur ! c'est mon fils.

LUDOVIC.

Tous mes compliments, mon cher Monsieur, tous mes compliments !

GROSMINET.

Mais, Messieurs, la nomination du bureau !... Nous n'avançons pas.

MITON, agitant sa sonnette.

Monsieur Grosminet, je vous rappelle à l'ordre ; ici, vous devez me demander la parole. Je propose, moi, de nommer le bureau par assis et levé. Voulez-vous pour mon vice-président, M. Rouget ? Si oui, levez-vous ?

LUDOVIC.

Une, deux, trois.

Rouget se lève seul.

MITON.

Eh bien ! Messieurs, vous ne vous levez pas ?

GROSMINET et MITON, se levant, à Rouget.

Monsieur, vous êtes élu à la majorité !

ROUGET, fils, à part.

Au moins, je n'ai pas voté comme papa.

LUDOVIC.

Allons, de la même façon, le secrétaire... Une, deux, trois.

TOUS ENSEMBLE.

Mais qui ?

GROSMINET.

Messieurs, je ne me porte pas, vous l'avez compris depuis l'ouverture de la séance ; il ne reste donc que M. Rouget fils.

MITON, agitant sa sonnette.

Monsieur Grosminet, je vous rappelle à l'ordre. Vous parlez toujours sans mon autorisation. Je propose M. Rouget fils.

TOUS.

Oui... oui !

LUDOVIC.

Jeune homme, tu es nommé par acclamation.

MITON, à Rouget fils.

Monsieur, asseyez-vous. Le bureau étant constitué, passons à la rédaction de l'ordre du jour. Je crois inutile, Messieurs, de vous rappeler que le but de cette réunion est de régler le programme de l'intéressante cérémonie qui doit avoir lieu demain.

GROSMINET.

Je demande la parole.

MITON, continuant sans l'écouter.

L'emplacement de la statue étant une question qui a soulevé un regrettable conflit au sein du conseil municipal, je propose, Messieurs, de choisir un emplacement provisoire.

TOUS.

Ah !

MITON.

Le provisoire étant, en définitif, ce qui dure le plus.

TOUS.

Bravo ! bravo !

ROUGET FILS.

Pardon, Monsieur le président, où siège la gauche ?

MITON.

Je ne sais pas. Je n'avais pas prévu cette demande.

ROUGET, FILS.

Ça m'est égal, moralement, je siège à gauche.

ROUGET, PÈRE.

Mon fils!

ROUGET, FILS.

Pardon, Monsieur, ici je ne suis pas votre fils, je suis votre collègue, et au besoin, votre adversaire.

MITON.

Messieurs, l'opposition ne m'effraie point : je tiens à vous proposer, sûr d'avance de votre adhésion...

GROSMINET.

Je vous ferai remarquer, monsieur Mitton qu'en votre qualité de président, vous devez diriger la discussion sans y prendre part. Je suis le seul qui puisse prendre la parole, n'exerçant aucune fonction honorifique.

MITON.

Alors dites tout de suite que c'est pour m'empêcher de parler que vous m'avez nommé président?

ROUGET, d'un air aimable.

Monsieur le maire, c'est dans l'intérêt général!

MITON, furieux.

Monsieur Rouget!...

GROSMINET.

Mais, Messieurs, du calme! Le temps presse et nous n'avons absolument rien décidé.

LUDOVIC.

Une commission, décider quelque chose! Ce ne serait plus une commission.

GROSMINET.

Monsieur le président, je demande l'urgence.

MITON.

Alors, Messieurs, voulez-vous une séance de nuit?

TOUS.

Ah! ah! ah!

LUDOVIC.

Ah çà! dites donc, vous vouliez un programme! Ah ben! attendez, je vas vous l'esquisser et ce ne sera pas long : Cortège, pompiers, la statue portée par quatre gaillards vigoureux. Derrière, la famille, c'est moi! Pas du cavalier seul! Les autorités et les commissaires avec leurs bannières. La foule suit et les fenêtres sont pavoisées.

TOUS.

Très bien! très bien!

LUDOVIC.

La statue est montée sur son piédestal, discours, apothéose! tableau! banquet! bal. Je ne vous dis que ça!

TOUS.

Bravo!

GROSMINET.

Oh! mon ami, merci... Vous êtes digne d'être votre oncle.

MITON.

Messieurs, la séance est levée.

Tous se serrent la main.

JACQUES, rentrant.

Je vous dérange?

GROSMINET.

Pas du tout.

La commission sort.

SCÈNE XI

GROSMINET, JACQUES, LUDOVIC.

GROSMINET, à Ludovic avec chaleur.

Monsieur, je ne sais comment vous remercier! Ah çà, Messieurs, vous êtes mes hôtes, vous logez ici,

JACQUES.

Mais, Monsieur...

LUDOVIC.

Je veux bien, moi !

GROSMINET.

Où sont vos bagages ? Je vais les envoyer chercher.

JACQUES.

Pardon, Monsieur, nous irons nous-mêmes.

GROSMINET.

Soit ! si ça vous va, je vais prévenir le jardinier qui vous les portera.

Il sort à gauche.

SCÈNE XII

JACQUES, LUDOVIC.

JACQUES.

Ça ne peut pas se prolonger.

LUDOVIC.

Eh bien, cette hospitalité écossaise ne te va pas ?

JACQUES.

Il ne s'agit pas de ça ; tu leur as monté une scie assez raide : je crois que tu peux t'en tenir là.

LUDOVIC.

Comment! que je manque à cette petite fête-là, moi, son plus bel ornement ! Tu sais, faut pas compter là-dessus.

JACQUES.

C'est nécessaire. Madame Grosminet est au courant de cette plaisanterie qui lui déplaît fort, et tu feras manquer mon mariage.

LUDOVIC.

Ton mariage! je te parie vingt bocks que, dans deux mois, il a lieu et que je serai ton garçon d'honneur.

JACQUES.

Ne t'en mêle pas, et va-t'en, voilà tout ce que je te demande; va-t'en le plus tôt possible.

LUDOVIC.

J'y consens, espèce d'amoureux, mais laisse-moi le temps: je n'aime pas qu'on me bouscule.

SCÈNE XIII

GROSMINET, LUDOVIC, JACQUES.

GROSMINET, rentrant à gauche.

Eh bien, mes amis, le jardinier est à votre disposition.

LUDOVIC.

A-t-il des crochets, cet artiste en fleurs!

GROSMINET.

Des crochets, il vit aux miens.

LUDOVIC.

Ah! ça, papa Grosminet, c'est un mot; je le savoure. (Grosminet rit béatement.) Ça m'est égal, je m'arrangerai toujours avec cet amant de la nature. (A Jacques.) Tu viens?

JACQUES.

Je te suis : au revoir, Monsieur.

Ils sortent à gauche.

SCÈNE XIV

GROSMINET, seul.

A la bonne heure, un gaillard comme ça! C'est franc comme l'osier. Comme il a rédigé le programme! Ensuite, il a une manière de s'exprimer qui me plaît; ma foi, je ne craindrais pas un gendre comme lui! Par le temps qui court, il n'est pas mauvais d'avoir quelqu'un d'un peu crâne dans la famille... et puis la statue de l'oncle sur la place, ce n'est pas désagréable! Hé! hé! on dit en passant, voilà l'oncle de mon gendre. Je suis sûr qu'il plaît à ma femme et à Henriette. Les femmes aiment toutes les gaillards déterminés.

SCÈNE XV

MADAME GROSMINET, HENRIETTE, GROSMINET.

MADAME GROSMINET, entrant à gauche.

Tu es seul, mon ami? Es-tu plus content que ce matin?

GROSMINET.

Oui, ça ira, mais, je dois l'avouer, c'est grâce à ce charmant garçon.

HENRIETTE.

Ah! Il te plaît? (Bas, à sa mère.) Quel bonheur! Maman! parle-lui alors!

GROSMINET.

Oui, il me séduit tout à fait.

HENRIETTE.

Oh! maman! donne-lui la lettre!

MADAME GROSMINET, bas.

Oui, attends! (Haut.) Eh bien! mon ami, c'est mon avis et je crois qu'Henriette le partage bien un peu.

GROSMINET.

Ma fille, tu inondes de joie les cheveux blancs de ton père. Viens, que je t'embrasse !

HENRIETTE.

Oh ! papa. (Allant embrasser son père.) Je suis bien heureuse !

GROSMINET.

Je suis sûr qu'il fera un excellent mari, mais consentira-t-il, lui, à se marier ? Il n'y pense peut-être pas !

HENRIETTE.

Oh ! si, papa.

GROSMINET.

Ces fillettes, ça ne doute de rien !

MADAME GROSMINET.

Elle doit avoir de bonnes raisons, et, même, j'ai depuis ce matin une lettre...

Elle tire la lettre.

GROSMINET.

Dis donc, Clémence ! un neveu de général, ça fera bien ! Chalumeau en crèvera de dépit.

HENRIETTE.

Mais pardon, papa, il n'a pas d'oncle général.

GROSMINET.

Tais-toi, petite bécasse ! et la statue, son oncle en pierre ?

MADAME GROSMINET.

Mais, mon ami, il y a malentendu, de qui parles-tu?

GROSMINET.

De Pitou, pardié, d'Anatole Pitou.

HENRIETTE.

Mais nous ne le connaissons pas.

MADAME GROSMINET.

Ah çà! vous vous imaginez, monsieur Grosminet, que je vais donner ma fille au premier venu, à un aventurier peut-être.

GROSMINET.

Clémence, pas de ces mots-là, quand il s'agit du descendant d'un homme qui sera l'illustration du pays!

MADAME GROSMINET.

Oh! peu m'importe son oncle, il s'agit du mari de ma fille!... Elle n'épouse pas une statue, somme toute... Nous croyions, Henriette et moi, qu'il s'agissait de l'autre.

GROSMINET.

Le sculpteur?

MADAME GROSMINET.

Mais oui, laisse-moi t'expliquer...

GROSMINET.

Expliquer quoi? C'est tout vu : ton sculpteur, il ne dit

pas un mot, il a l'air gêné et honteux comme un locataire qui ne peut pas payer. Tandis que Pitou!... En voilà un homme qui a l'usage du monde, qui est distingué, qui a la parole facile, pas banale! Si tu avais vu comme il a secoué la commission!

MADAME GROSMINET.

Oh! je ne l'ai vu qu'un instant et cela m'a suffi pour le juger d'une façon diamétralement opposée.

GROSMINET.

Diamétralement, non! Diamétralement! Et dire que depuis vingt ans, c'est la même chose!

MADAME GROSMINET.

Vous allez vous plaindre! mais c'est moi qui vous cède depuis vingt ans! Seulement, aujourd'hui, il s'agit du bonheur de ma fille. Je deviens une barre de fer. Vous me briserez, mais je ne plierai pas.

HENRIETTE, en pleurant.

Maman, je vous en prie, pas à cause de moi! Je ne me marierai pas, voilà tout!

MADAME GROSMINET.

Si, ma fille, tu te marieras, c'est moi qui t'en réponds! (A Grosminet.) Voyez, Edgard, votre fille pleure!

SCÈNE XVI

Les Mêmes, JACQUES, LUDOVIC.

LUDOVIC, entrant bruyant.

Puisque la gare demeure..... nous nous y sommes rendus... Oh!... Ces dames!...

GROSMINET, à sa femme.

Hein! quel esprit!

LUDOVIC.

Mesdames...

GROSMINET.

Farceur! va!

LUDOVIC.

Madame...

Grosminet, sa femme et Ludovic causent ensemble.

JACQUES, à la gauche.

Vous avez pleuré, Mademoiselle?

HENRIETTE, s'essuyant les yeux.

Non, Monsieur!

JACQUES.

Oh! si!

HENRIETTE.

Papa veut me faire épouser votre ami, le neveu du général.

JACQUES.

Vous n'y consentez pas?

HENRIETTE.

Oh! Monsieur!

GROSMINET.

Désolé d'interrompre votre conversation, Monsieur, mais ces dames doivent aller surveiller nos préparatifs. (A sa fille.) Tu m'as compris!

HENRIETTE.

Oui, papa, j'y vais.

MADAME GROSMINET.

Attends-moi, Henriette, j'ai à te parler... Messieurs.

Elles sortent à droite.

GROSMINET, tirant sa montre.

Cinq heures! on m'attend. Je vous demande pardon... je ne m'appartiens pas... je reviens tout de suite.

SCÈNE XVII

LUDOVIC et JACQUES.

JACQUES.

Mon ami, il ne s'agit plus de plaisanter. Le bonhomme te prend au sérieux, il est flatté que sa fille épouse un neveu de général et il te veut pour gendre.

LUDOVIC.

Tiens! le papa Grosminet, il a du flair!

JACQUES.

Tu comprends que cette situation ne peut pas durer.

LUDOVIC.

Pourquoi pas? Ça n'a rien de blessant pour moi... et si la jeune fille a du goût...

JACQUES.

Je t'en prie, assez de plaisanterie! Ce n'est pas, j'espère, pour une fantaisie qui n'est ni dans tes goûts...

LUDOVIC.

Ce serait à voir.

JACQUES.

Ni dans tes aptitudes...

LUDOVIC.

Eh! eh!

JACQUES.

Que tu voudrais briser mon bonheur?

LUDOVIC.

Dame! s'il y va du mien!

JACQUES.

Ah! Ludovic!

LUDOVIC, riant.

Pauvre vieux, va!... Je t'en ai donné une soûleur!

JACQUES, lui serrant la main.

Ma foi, oui.

LUDOVIC.

Cornichon! Tu crois que, moi, j'irais épouser une fillette qui ne voudrait seulement pas poser?... Et l'art!

JACQUES.

J'aurais bien dû le comprendre, mais, tu sais?... les amoureux!...

LUDOVIC.

Oui, oui, ils sont aveugles, je connais ça! J'ai fait une statue de l'amour qui a la tête dans un sac : c'est moins usé que le bandeau.

JACQUES.

Il faut désenchanter Grosminet.

LUDOVIC.

Diable! ce ne sera pas commode.

JACQUES.

Ludovic, traite cela sérieusement, n'est-ce pas? Je compte absolument sur toi.

LUDOVIC.

Allons bon! je fais les mariages, maintenant!... J'aurai la gravité du sacerdoce. Dès qu'il viendra, laisse-moi seul avec lui.

JACQUES.

Soit, je vais causer avec ces dames.

Jacques sort.

SCÈNE XVIII

LUDOVIC, seul.

Parole d'honneur! c'est à faire empailler ces amoureux! Dire qu'il en vient à me prendre comme ministre plénipotentiaire!... Au reste, il faut convenir qu'il pouvait tomber plus mal, car enfin je m'immole; elle est gentille, la petite, eh! et le beau-père qui m'adore... Bah! ne pensons plus à cela.

SCÈNE XIX

GROSMINET, LUDOVIC.

GROSMINET.

Tiens ! vous êtes seul ? eh bien ! tant mieux, je vais vous lire mon discours.

LUDOVIC.

Non, ne le déflorez pas : un discours, c'est comme la peinture, faut le cadre.

GROSMINET.

Causons alors !

LUDOVIC.

Oui, causons! (Ils s'asseoient.) Ah çà! dites donc, pourquoi avez-vous dit tant mieux quand vous m'avez vu seul?... Ce n'est pas gentil pour mon ami... Vous avez tort, car il est très bien, ce garçon-là, et puis calé.

GROSMINET.

Un artiste ?

LUDOVIC.

C'est cependant comme cela : ainsi à Bullier, c'est toujours lui qui paie les bocks.

GROSMINET.

A Bullier ! vous allez aussi à Bullier, je ne croyais pas que ce fût un endroit bien choisi... et à votre âge, si on songe à se marier.

LUDOVIC.

Oh! j'y songe sans y songer.

GROSMINET.

Vous avez peut-être tort: vous êtes jeune, vous avez sans doute une position...

LUDOVIC.

Ah!... aléatoire...

GROSMINET.

Aléatoire!... Vous seriez préfet?

LUDOVIC, à part.

Attention! v'là la douche! (Haut.) Non, pas précisément. (Confidentiellement.) Je suis rejeton des souches éteintes.

GROSMINET.

Je ne comprends pas du tout.

LUDOVIC, de même.

C'est bien simple. N'avez-vous pas remarqué que dans toutes les manifestations publiques, il manquait toujours quelque chose... Quoi? la note du cœur. Eh bien! c'est moi qui la donne.

GROSMINET.

Ah! oui.

LUDOVIC.

Vous comprenez?

GROSMINET.

Non, mais ça ne fait rien.

LUDOVIC.

Si, ça fait beaucoup. Tenez ! un exemple ! Demain, à l'inauguration de votre statue, supposez que je ne sois pas venu, qu'est-ce que vous auriez eu ? les autorités, les pompiers et puis rien. J'arrive : je représente la famille. (Se levant.) Changement de tableau. (Avec emphase.) On est ému à voir ce beau jeune homme suivant, tête nue, une statue qui rappelle tout un passé dont la gloire illumine ce jeune front découvert.

GROSMINET, ému.

C'est vrai : je l'ai compris aussi.

LUDOVIC, simplement.

Eh bien ! voilà ma profession... Je suis neveu de grands hommes.

GROSMINET.

Du général Pitou ?

LUDOVIC.

De celui-là et des autres.

GROSMINET.

Comment, des autres !

LUDOVIC.

Eh bien, oui. Tenez ! à l'inauguration de la statue de Spartacus, je faisais sa famille.

GROSMINET, indigné.

Monsieur, c'est une mystification alors que vous avez mijotée, avec votre ami, sans doute?

LUDOVIC.

Comment! mais il n'est pas dans le secret: c'est une preuve de confiance que je vous donne.

GROSMINET, de même.

Je vous ai promené dans toute la ville! je vous ai présenté à la commission, mais alors je suis un saltimbanque!

LUDOVIC.

Mais non, ça se passe comme cela partout.

GROSMINET.

Monsieur, je ne me prêterai pas à cette mascarade! Si je n'écoutais que mon indignation, je ceindrais mon écharpe et je vous ferais reconduire entre deux gendarmes.

LUDOVIC.

Oui! mais vous seriez la risée de la ville.

GROSMINET, à part.

Il a raison : mon élection serait compromise. (Haut.) Eh bien! Monsieur, j'aime à croire que vous comprendrez l'inconvenance de votre situation et que vous partirez immédiatement.

LUDOVIC, ironique.

Sans même vous demander la main de mademoiselle votre fille?

GROSMINET.

Pour vous?

LUDOVIC, de même.

Je croyais que vous y pensiez?

GROSMINET.

Ah çà! vous me prenez donc pour un imbécile?

LUDOVIC.

Non; j'avais envie de vous prendre pour mon beau-père. Enfin, soit, vous me regretterez; sans rancune!

Il sort.

GROSMINET.

Quel aplomb, quelle audace! Dire que cet être-là m'avait séduit!

LUDOVIC, passant sa tête par la porte.

Vous avez tort, je ne serais pas un mauvais mari.

GROSMINET, se précipitant.

Monsieur...

Ludovic disparaît, Grosminet court après lui.

SCÈNE XX

JACQUES, HENRIETTE, rentre portant la corbeille.

HENRIETTE.

Tenez, monsieur Jacques, mettez ça ici.

JACQUES.

Voilà. Voulez-vous m'en donner une pour ma peine?

HENRIETTE.

Vous vous plaignez?

JACQUES.

Je ne me plains pas: je demande un salaire.

HENRIETTE, naïvement.

Qu'en voulez-vous faire? Elle sera fanée demain.

JACQUES.

Vous n'aimez pas encore les fleurs fanées, vous?

HENRIETTE.

Non.

JACQUES.

Eh bien, moi, je les aime depuis un mois. Tenez. (Il tire de son portefeuille une violette.) De l'étang aux mousses.

HENRIETTE, étourdiment.

Ah! elle est bien mieux conservée que la mienne.

JACQUES.

Vous en avez une aussi?

HENRIETTE, vivement.

Je n'ai pas dit cela.

JACQUES.

Ah! mademoiselle Henriette, laissez-moi le croire, ce serait un tel bonheur!...

LA BONNE, entrant.

Ah! Mademoiselle, je ne sais pas c' qu'a Monsieur : il court comme un lièvre après le monsieur qui est rigolo.

JACQUES.

Après Ludovic?

LA BONNE.

Ah! je ne sais point s'il se nomme comme ça... tenez! le voyez-vous? Ah! ben! il en a assez: le v'là qui revient tout poussif. Faut pas qu'il me trouve là... avec ça qu'il est commode ces jours-ci, Monsieur...

Elle sort.

JACQUES.

Moi non plus... Je m'en vais.

HENRIETTE.

Moi aussi.

JACQUES.

Allons faire une autre corbeille.

Ils se sauvent.

SCÈNE XXI

GROSMINET, s'épongeant le front.

Quel cynisme! Me jouer, moi, mais c'est qu'en s'en allant, il se moquait de moi, encore!... C'est trop fort!

SCÈNE XXII

MADAME GROSMINET, GROSMINET.

MADAME GROSMINET, entrant à droite.

Ah çà! qu'avez-vous?... vous paraissez bouleversé.

GROSMINET, sans entendre.

C'est à ne pas le croire!... Ah! je m'y suis bien trompé!... et cependant, je connais bien les hommes.

MADAME GROSMINET.

Une affaire grave?... Tu oublies que tu as un bras droit pour t'aider. Je suis convaincue que M. Pitou est prêt à t'épargner la moitié de la besogne.

GROSMINET.

Non, je me passerai de lui.

MADAME GROSMINET.

Tu as tort, un futur gendre !

GROSMINET.

Un futur gendre, un futur gendre !

MADAME GROSMINET.

Ne m'as-tu pas dit toi-même que c'était ton désir ? Eh bien, Edgard, je me rends, et puisque ce jeune homme te plaît...

GROSMINET.

Eh ! bien, non il ne me plaît pas.

MADAME GROSMINET.

Comment !

GROSMINET.

Madame Grosminet, je me suis trompé pour la première fois de ma vie. Les grands caractères doivent reconnaître leurs torts, je reconnais les miens. Ce jeune homme n'est pas plus le neveu du général Pitou que toi.

MADAME GROSMINET.

Je ne pourrais être que sa nièce !

GROSMINET.

C'est vrai, mais j'entends dire par là que c'est un intrigant. Tu me croiras si tu veux, Clémence, j'avais des doutes.

MADAME GROSMINET.

Qui sont devenus des certitudes.

GROSMINET.

Oui, par mes questions insidieuses je l'ai fait se couper.

LA BONNE, entrant.

Monsieur, v'là une dépêche.

GROSMINET, lisant.

« Préfet à Grosminet, maire à Saint Aubin-les-Vertus. Personnelle. Refus d'autorisation : statue de général, moyen corruption, manœuvre réactionnaire, suspendu, si persistez. »

LA BONNE.

Y a-t-il une réponse ?

GROSMINET.

Qu'est-ce que tu fais ici... toi ?

LA BONNE.

Monsieur, faut signer.

GROSMINET.

Signer ! mon arrêt de mort ?. (Il lui tend le reçu.) J'ai ous les courages.

La bonne sort.

SCÈNE XXIII

Les Mêmes, HENRIETTE et JACQUES.

GROSMINET, s'asseyant accablé.

Ça sent Chalumeau!

HENRIETTE, entrant avec Jacques.

Qu'as-tu, père?... Tu es souffrant?

MADAME GROSMINET.

Cela n'est rien. Ton père est fatigué.

GROSMINET, se soulevant.

Non, je ne suis pas fatigué, je suis outré; c'est infâme, mais je lutterai.

JACQUES.

Qu'avez-vous donc, Monsieur? Puis-je vous être bon à quelque chose?

GROSMINET.

Tenez!... lisez!...

JACQUES.

Je me fais fort de vous la procurer, cette autorisation que la préfecture vous refuse.

GROSMINET.

Vous?

JACQUES.

Oui, rien ne m'est plus facile... je la demanderai à mon oncle.

GROSMINET.

A votre oncle! vous aussi! Je ne crois plus aux neveux, Monsieur!

JACQUES.

Cependant mon oncle étant ministre, il me sera facile...

GROSMINET.

Vraiment, votre oncle est ministre?

JACQUES.

Oui!

GROSMINET.

Permettez, quand l'avez-vous vu?

JACQUES.

Il y a huit jours.

GROSMINET.

Il y a huit jours! Mais, malheureux, par le temps qui court, il y en a sept qu'il n'est plus...

HENRIETTE.

Oh! papa, je suis sûr qu'il l'est toujours. J'ai vu son nom au bas des décrets ce matin dans le journal.

GROSMINET, étonné.

Tu sais le nom des ministres?

HENRIETTE.

Mais, papa, il s'appelle comme son neveu.

GROSMINET, à Jacques.

Ah çà! comment vous appelez-vous donc?

JACQUES.

Jacques de Valbrun.

GROSMINET.

Vous n'êtes donc pas mon sculpteur?

JACQUES.

Mais, Monsieur, vous ne m'avez jamais laissé le temps de vous le dire.

MADAME GROSMINET.

Ni à moi celui de te remettre la lettre de ma sœur qui nous recommande M. de Valbrun.

GROSMINET.

Mais alors, où est mon sculpteur?

JACQUES.

C'était Ludovic.

GROSMINET.

Je m'en doutais. Tu vois, Clémence? on ne me trompe pas.

LA BONNE, entrant.

Monsieur, il y a le monsieur qui dit que vous avez sa valise.

GROSMINET.

Quel monsieur?

LA BONNE.

Le monsieur qui s'ensauvait tout à l'heure.

GROSMINET.

Lui!...

 Il se précipite, Ludovic entrant, ils tombent dans les bras l'un de l'autre.

LUDOVIC.

A moi, touché!

GROSMINET.

Mon cher ami, je vous demande pardon et je vous offre mes excuses, mais pourquoi diable une plaisanterie semblable?

LUDOVIC.

Une charge d'atelier!... vous avez coupé dedans!

GROSMINET.

Non, non, au premier abord.

LUDOVIC.

Oui, mais au second rabord.

GROSMINET.

Farceur, va!

LUDOVIC, à madame Grosminet.

Et vous, Madame, me pardonnez-vous?

MADAME GROSMINET.

Oui, Monsieur, si le moyen était un peu risqué, l'intention était bonne.

JACQUES, à Ludovic.

Ici nous sommes deux à t'en remercier.

LA BONNE, entrant.

Monsieur!

GROSMINET.

Encore?... je n'y suis pas!

LA BONNE.

Mais, Monsieur...

GROSMINET.

Je te dis que je n'y suis pas.

LA BONNE.

Mais c'est le diner qui attend.

GROSMINET.

Fallait donc le dire. Allons! Messieurs! la main aux dames.

LUDOVIC.

Le repas des fiançailles, car enfin vous avez dit oui à ces amoureux?

GROSMINET.

Moi!...

LUDOVIC.

Oui, vous! puisque madame Grosminet vous le demande, vous n'allez pas lui refuser cela. Allons, voyons, où est votre myrte?

GROSMINET.

Mon myrte?

LUDOVIC.

Naïf enfant! Il ne connaît pas ses classiques !

MADAME GROSMINET.

Il aime si peu la lecture! Car enfin, la lettre de ma sœur!...

GROSMINET, la prenant.

Je la lirai après dîner.

Rideau.

LES DÉBUTS DE RENÉ

COMÉDIE EN UN ACTE

Représentée au Cercle de la rue Volney.

Collaborateur : M. Gaston M***.

PERSONNAGES

RENÉ DUROY, 18 ans...............	MM. Corbin.
HENRI LOREZ, 25 ans...............	Jourdan.
NARCISSE, 50 ans...................	Andrieux.
LUCIE, 18 ans......................	Mmes M. Thorcy.
MADAME DUROY, 50 ans...........	Carpentier.

LES DÉBUTS DE RENÉ

Le théâtre représente une chambre de garçon. Porte au fond, porte à gauche au premier plan. Commode avec verre d'eau. Table de travail avec des livres, des journaux, un vaporisateur, et une photographie de femme. Cheminée à droite au premier plan, fauteuils, chaises, etc.

SCÈNE PREMIÈRE

NARCISSE.

NARCISSE, s'asseyant dans un fauteuil, après avoir déposé sur la table le plumeau qu'il tient à la main.

C'est rudement agréable tout de même pour un concierge de faire le ménage d'un garçon! (Se mettant à l'aise.) On est bien ici... c'est confortable! Chaque fois que monsieur est sorti et que je veux me reposer, je ne choisis pas d'autre endroit... Tous les matins je m'installe dans ce fauteuil près du feu et je lis les journaux de M. Henri : faut bien savoir ce qui se passe! Et puis ici on a tout sous la main... (Il prend un vaporisateur sur la table, et remplit son mouchoir d'odeurs.) Ça me rappelle toutes les voluptés de ma jeunesse! (Avec un sourire satisfait.) Sans compter que madame Narcisse n'est pas indifférente aux séductions du luxe : car enfin, les femmes du monde ont les mêmes faiblesses que les autres! (On entend marcher dans le corridor; Narcisse se lève précipitamment et se met à épousseter avec son plumeau.) V'là Monsieur!...

SCÈNE II

NARCISSE, HENRI.

HENRI, entrant.

Ah! vous êtes encore là, Narcisse!

NARCISSE.

Je finissais l'appartement... je croyais Monsieur à son ministère.

HENRI.

Il fait trop beau pour s'enfermer dans un bureau.

NARCISSE, aimable.

Je crois qu'il fait souvent beau pour Monsieur...

HENRI.

Vous êtes gai aujourd'hui, monsieur Narcisse. Madame est-elle venue?

NARCISSE.

Oh! Monsieur, Madame ne vient jamais à ces heures-ci!

HENRI.

C'est ce qui vous trompe. Elle viendra probablement aujourd'hui à deux heures.

NARCISSE.

C'est différent alors!

HENRI, apercevant une lettre sur la table.

Tiens! qu'est-ce que c'est que cette lettre?

NARCISSE.

J'oubliais. M. Georges sort d'ici; il avait besoin de vous parler... Comme il ne vous a pas trouvé, alors, il a écrit un mot!

Henri ouvre la lettre.

NARCISSE, timidement.

Monsieur, croit-on à la conversion ce matin?...

HENRI.

Mais je n'en sais rien, monsieur Narcisse... Puisque l'appartement est fini, vous pouvez descendre, je vous appellerai si j'ai besoin de vous.

NARCISSE, à part.

Pas causeur aujourd'hui, M. Henri.

Il sort.

SCÈNE III

HENRI, seul. Il reprend la lettre pour la lire.

Qu'est-ce qu'il veut, ce bon Georges? (Il lit.) « Mon cher ami, je n'ai pas le temps de t'attendre et encore moins celui de te chercher. Cependant, je dois te prévenir que tu recevras dans la journée la visite d'un fort gentil garçon de mes amis qui a le tort d'être un peu jeune. Il a fait une petite escapade à laquelle tu te trouves mêlé : pardonne-lui en faveur de ses dix-huit ans et de notre vieille amitié. Viens-lui en aide si tu peux, il t'expliquera la chose. Bien à toi. Georges!... » Qu'est-ce que cela veut dire?... Du diable si j'y comprends un mot; enfin je verrai bien. (Relisant.) Pas même de nom, quel toqué!... (Il jette la lettre sur la table. Il regarde sa montre.) Deux heures un quart, toujours en retard, cette Lucie! non, c'est insupportable! (On sonne plusieurs coups précipités.) Ah! la voilà! Un bon point. Un quart d'heure de retard seulement!

Il va ouvrir.

SCÈNE IV

LUCIE, HENRI. Lucie entre.

HENRI.

Bonjour, petite folle!

LUCIE.

Bonjour, vous! hein! je suis exacte!

HENRI.

Heu! pour toi, oui, aussi voilà ta récompense!

Il l'embrasse.

LUCIE.

Hé bien! vrai! ça méritait mieux!

HENRI.

Tu veux le prix Monthyon?

LUCIE.

Mais... ne riez pas, si je n'avais pas eu le malheur de vous connaître...

HENRI, riant.

Tu serais peut-être rosière, qui sait? Ah çà! qu'as-tu fait ce matin?

LUCIE.

J'ai pianoté; j'apprends une valse pour ta fête...

HENRI.

Quel plaisir tu dois faire à tes voisins!...

Lucie défait son chapeau devant la glace.

LUCIE.

Ils ne sont pas là pour s'amuser. Comment trouves-tu ma nouvelle coiffure?... Jolie, n'est-ce pas?

HENRI.

Charmante! Oh! très jolis, ces frisons! C'est un emprunt?

LUCIE.

Non, Monsieur, je n'emprunte pas, moi, je n'ai pas de crédit!

HENRI.

Je t'en félicite, le crédit ça mène au Mont-de-piété. Et pour qui ces frais insolites?..

LUCIE.

Pour qui serait-ce, si ce n'était pour vous?

HENRI.

Ah! ça, c'est gentil!

Il l'embrasse.

LUCIE.

Tu me décoiffes, laisse donc!...

Elle continue à se regarder dans la glace et à s'arranger les cheveux.

HENRI.

Ce n'est plus une coiffure, alors, c'est un bouclier! Aimes-tu les énigmes? Voici ce que Georges m'écrit : je donne ma langue au chat.

LUCIE, lit et rend la lettre.

Il est de fait que cela n'est pas clair! Du reste, peu m'importent les énigmes... Qu'est-ce que l'on fait cet après-midi?

HENRI.

Moi, je travaille!

LUCIE.

Travailler! C'était bien la peine d'être exacte!

HENRI.

T'es bête! Moi travailler quand il fait beau! jamais de la vie! Le soleil luit pour tout le monde, et surtout pour ceux qui vont se promener!...

LUCIE.

A la bonne heure! voilà qui est parlé.

HENRI.

Peux-tu venir à Saint-Cloud? nous dînerons à la *Tête Noire.* (On sonne.) Diable! si c'était mon oncle! file dans ma chambre. Eh! ton chapeau! (Il jette un regard dans le salon.) Oh! sa photographie que j'oubliais!

Il jette dans un tiroir de la commode la photographie qui était sur la table.

LUCIE, entr'ouvrant la porte de la chambre.

Donne-moi le roman que j'ai commencé.

HENRI.

Nana! Il est sur la cheminée. Vite! vite!

Lucie passe dans la chambre. — Henri referme la porte et va ouvrir.

SCÈNE V

RENÉ, HENRI.

RENÉ, très timide.

M. Henri Lorez?

HENRI.

C'est moi, Monsieur. Donnez-vous donc la peine d'entrer.

RENÉ.

Mon Dieu, Monsieur, vous avez dû recevoir la visite de Georges, notre ami commun, et vous savez ce qui m'amène...

HENRI.

Ah! c'est vous! Très bien... Asseyez-vous donc... Georges est venu en effet pour me voir, j'étais sorti et il m'a laissé un mot auquel je n'ai rien compris et que vous allez m'expliquer!

RENÉ.

J'aurais préféré que ce fût lui qui...

HENRI.

Ça ne fait rien, je vous écoute... Voulez-vous une cigarette?...

RENÉ.

Merci, Monsieur!

HENRI.

Oui, Georges m'a écrit qu'il s'agissait d'une petite escapade, et que j'y étais pour quelque chose; j'avoue que ce n'est pas très clair, puisque je n'ai pas le plaisir de vous connaître!

RENÉ, très timide.

Je vais vous raconter la chose, mais j'ai besoin de toute votre indulgence.

HENRI.

Mais où allez donc! De quoi s'agit-il?

RENÉ.

Il faut vous dire que je sors du collège : ma famille habite la province et je demeure ici chez une vieille tante qui me tient d'un raide! si bien que je suis obligé de conter des craques pour sortir: alors... alors...

Très embarrassé.

HENRI.

Alors, quoi?... Qu'est-ce que vous avez fait?

RENÉ.

Ça devient de plus en plus embarrassant à dire!...

HENRI.

Mais non! allez donc!... j'en ai vu bien d'autres!

RENÉ.

Eh bien! Monsieur, quand je sors le soir, je dis à ma tante que je dîne avec vous.

HENRI.

Avec moi? mais vous ne me connaissez pas!

RENÉ.

Justement, Monsieur! Si j'avais dit à ma tante, par

exemple, que je dînais avec Georges qu'elle connaît; quand elle l'aurait rencontré, il aurait pu se couper; avec vous il n'y a pas de danger, puisqu'elle ne vous connaît pas! Et puis vous passez pour si rangé dans ma famille! Ah! je vous en ai fait une réputation!

HENRI.

Allons, bien! ça promet. Vous êtes très fort, vous!

RENÉ.

Mais, Monsieur, ce n'est pas tout.

HENRI.

Ah! il y a encore quelque chose?

RENÉ.

C'est ici que ça se complique!...

HENRI.

Diable!

RENÉ.

Comme je suis censé avoir dîné avec vous, une vingtaine de fois, ma tante ne cesse de me répéter: Mais enfin, il faut que je connaisse ton ami Lorez. Vous comprenez... J'ai reculé tant que j'ai pu, mais aujourd'hui, je suis au pied du mur!

HENRI.

Et c'est moi le mur!

RENÉ.

Oui, Monsieur!... Il n'y a plus moyen de reculer cette fois-ci, et je viens vous supplier de dîner ce soir avec ma tante et moi!

HENRI, riant.

J'avoue qu'elle est inattendue, celle-là! Vous remercierez beaucoup madame votre tante, mais c'est impossible!

RENÉ.

Oh! alors, Monsieur, je suis un homme perdu!

HENRI.

Mais non, vous vous tirerez de là, avec votre richesse d'imagination!

RENÉ.

Non, il n'y a rien à faire, si vous ne venez pas, ma tante saura tout!...

HENRI.

Eh bien! quoi? Elle verra que vous lui avez conté une craque, comme vous dites si bien!

RENÉ, avec désespoir.

Mais, Monsieur, songez donc aux conséquences! on ne me laissera plus sortir!

HENRI.

Le grand mal!

RENÉ.

Vous dites ça parce que vous êtes libre! vous ne savez pas ce que c'est que d'être dans sa famille, et d'avoir le cœur pris!

HENRI.

Aïe! voilà ce que je craignais : histoire de femme!

RENÉ.

Oh! elle est si gentille ma petite amie! Je vous en supplie en son nom et au mien! acceptez l'invitation de ma tante! ça vous portera bonheur!

HENRI.

Non, mon ami, je ne peux pas... là franchement, malgré mon désir de vous être agréable... je ne peux pas, vrai!

RENÉ.

Oh! si, Monsieur, mettez-vous à ma place : voilà trois mois que vous refusez! ma tante voulait venir avant-hier vous inviter elle-même; aussi, pour prévenir une catastrophe, j'ai dû répondre que vous acceptiez!

HENRI, se promenant avec impatience.

Au diable les amoureux!

RENÉ.

Songez donc que vous passez pour mon ami intime! Je vous en conjure, Monsieur, venez une fois seulement... j'arrangerai cela ensuite. Voyons, ça me fera tant de plaisir et ça vous coûtera si peu!...

HENRI, riant malgré lui.

Eh bien! soit, j'irai!

RENÉ.

Oh! merci! Monsieur, je ne sais comment vous exprimer ma reconnaissance... Toute ma vie!...

HENRI.

Oui, oui, c'est entendu! mais ne recommencez plus!

RENÉ.

Alors, Monsieur, je viendrai vous prendre à six heures et demie. C'est bien assez tôt, nous sommes voisins, sans que vous vous en doutiez. Ah! nous aurons l'air de beaucoup nous connaître, n'est-ce pas?

HENRI.

Oui, oui, soyez tranquille!

RENÉ.

Merci encore, Monsieur! à tantôt!

Il sort.

SCÈNE VI

LUCIE, HENRI.

HENRI.

Ah bien! en voilà une tuile! (Appelant.) Lucie! Lucie!... (Lucie entre.) Rasé le dîner, rasée la partie de campagne!

LUCIE.

Si c'est pour me dire cela que tu m'enlèves à *Nana*! Mais pourquoi? Qu'est-ce qu'il y a?

HENRI.

Il y a qu'un imbécile s'est servi de mon nom; que je suis censé le connaître, bref.... obligé de dîner ce soir dans sa famille.

LUCIE.

Qui cela, un imbécile? Il y en a tant!

HENRI.

Tiens! je suis de la force de Georges : j'ai oublié de lui demander comment il s'appelle.

LUCIE.

Alors, nous ne dînons pas ensemble!

HENRI.

Évidemment!

LUCIE.

Oh! c'est fâcheux, mais enfin, puisque tu ne peux pas! (A part.) Je m'en vais prévenir René.

HENRI.

Tu prends ça philosophiquement, toi!

LUCIE.

Mon pauvre ami, je te vois agacé, je ne veux pas augmenter ton ennui. (Remettant son chapeau.) Adieu, mon loup!

HENRI.

Comment! tu pars?

LUCIE.

Oui, je m'en vais dire à ma bonne que je dîne chez moi!

HENRI.

Si tu n'as rien de mieux à faire, viens me voir avant mon dîner!... Oh! ce dîner!

LUCIE.

Il a l'air de bien t'ennuyer!

HENRI.

Oh! oui! Mais sois tranquille, je n'y resterai pas longtemps.

LUCIE.

Eh bien, c'est entendu, je vais revenir tout à l'heure!

SCÈNE VII

HENRI, seul.

Est-il embêtant ce petit monsieur, et faut-il que je sois naïf, moi, pour m'être laissé entortiller par un gaillard comme ça! Je me moque bien de ses amourettes!... Et puis, c'est immoral, j'encourage la débauche, je trompe une honnête famille... Pour un rien, je n'irais pas! Je ne sais seulement pas ce que c'est que ces gens-là! (Il tire de la commode un habit et un pantalon et les jette avec mauvaise humeur sur un fauteuil.) Mon habit numéro trois... Ah! je vais faire une figure dans cette famille!... si ça leur donne envie de m'inviter une seconde fois!... Voilà une journée perdue... Si je travaillais? En comparaison de ce qui m'attend, le droit des gens va me paraître agréable. (Il feuillette le bouquin, bâille et le rejette loin de lui.) Décidément ça ne va pas! (On sonne.) Tiens! ce n'est pas le coup de sonnette d'un ami... Si ça pouvait être mon oncle, il croirait que je travaille!

Il va ouvrir.

SCÈNE VIII

RENÉ et HENRI.

HENRI.

Encore vous! On dîne donc à quatre heures chez votre tante?

RENÉ.

Ah! Monsieur, c'est fait pour moi ces choses-là! Ça aurait pu aussi bien m'arriver demain... pas du tout... il faut que ce soit aujourd'hui.

HENRI.

Quoi! encore une craque?

RENÉ.

Oh! pas à vous, Monsieur. Figurez-vous que ma petite amie me fait dire à l'instant que son parrain est absent et qu'elle est libre jusqu'à dix heures. Cela ne nous arrive jamais d'avoir tant de temps à nous! (Souriant.) Alors, vous comprenez, on ne dîne pas chez ma tante!

HENRI.

Vous disiez tout à l'heure qu'il était impossible de s'en dispenser!

RENÉ.

C'est vrai! mais vous ne m'en voudrez pas, ce n'est que partie remise.

HENRI.

Ce n'est pas que j'y tienne, allez!

RENÉ.

Je le sais bien, Monsieur, et c'est bien malgré moi que je vous impose cette corvée, mais enfin, mettez-vous à ma place.

HENRI.

Je vous remercie, je n'y tiens pas.

RENÉ.

Aussi, je vous suis bien reconnaissant, Monsieur. Mais pour cette fois, écoutez, je vais dire à ma tante que vous êtes malade, et que je dois passer la soirée à vous veiller.

HENRI.

Dites tout ce que vous voudrez, et tirez-vous de là comme vous pourrez!

RENÉ.

Mais au lieu de dîner en famille, voulez-vous dîner avec ma petite femme?

HENRI.

Peuh!

RENÉ.

Oh! si! venez donc! c'est ça qui serait amusant!

HENRI.

Au reste, oui; moi aussi, je devais diner avec une amie : nous ferons une partie à quatre!

RENÉ.

Oh! je crois bien! c'est ma première partie carrée! je vais prévenir ma tante.

HENRI.

De la partie?

RENÉ.

Oh! non! non! que vous êtes malade.

HENRI.

Elle ne vous croira pas!

RENÉ.

Si, si, je m'y connais, je vais dire que vous êtes à l'article de la mort, qu'il faut que je vous veille toute la nuit!

HENRI, riant.

Soit, cela vous regarde. En descendant, dites donc à mon concierge de monter. Ce qu'il y a de plus simple, voyez-vous, c'est de dîner ici.

RENÉ.

Oh! Monsieur!

HENRI.

Mais oui, vous aurez au moins dîné une fois chez moi!

RENÉ.

Soit alors! c'est entendu!

SCÈNE IX

HENRI.

Il est drôle ce gaillard-là! Et il m'amuserait, s'il ne m'ennuyait pas avec ses histoires! Ah! c'est beau d'avoir dix-huit ans et d'en faire mauvais usage. Avec tout ça, il faut que j'aille prévenir Lucie, maintenant.

Narcisse entre.

SCÈNE X

NARCISSE, HENRI.

NARCISSE.

Monsieur m'a fait demander?

HENRI.

Oui. Narcisse, pouvez-vous quitter votre loge quelques instants?...

NARCISSE.

Parfaitement, Monsieur. Madame Narcisse y est et elle me double!

HENRI.

Eh bien! Narcisse, j'ai eu la velléité d'aller dans le monde ce soir!

NARCISSE.

Je croyais que Monsieur y avait renoncé depuis l'avénement de Madame?

HENRI.

C'est vrai, Narcisse, et la preuve, c'est que je vous demande de serrer mes habits et de mettre un peu d'ordre ici. Maintenant parlons sérieusement! Si mon oncle vient, je suis au ministère et de service ce soir!

NARCISSE.

La consigne habituelle alors?

HENRI.

Toujours la même pour la famille. Si Madame venait, vous lui direz que tout est changé, que je dîne avec elle... qu'elle soit ici à cinq heures; c'est compris?

NARCISSE.

Monsieur peut être tranquille!

HENRI.

Nous dînerons ici : mettez le couvert pour quatre. Du reste je ne serai pas longtemps!

Il sort.

SCÈNE XI

NARCISSE, seul.

Ah! voyons! n'oublions pas nos commissions! (Il tire son mouchoir et fait successivement trois nœuds.) Un pour l'oncle, deux pour madame... Ça y est, me v'là tranquille! (Il range.) Ah! une lettre! voyons un peu ce que c'est : peut-être un renseignement politique! (Il lit et replace la lettre avec découragement.) Non, non, rien! C'est celle de M. Georges. Tout de même, quel dommage que M. Henri ne soit pas plus sérieux! S'il voulait, je pourrais faire ma fortune. Un garçon qui est dans la politique et qui ne joue pas à la Bourse! On n'a pas idée de ça! (On sonne très fort.) V'là Madame! je vous demande un peu si on sonne comme ça dans une maison honnête!

Il va ouvrir.

SCÈNE XII

LUCIE, NARCISSE.

LUCIE.

Ah! c'est vous, Narcisse! M. Henri est là?

NARCISSE.

Non, Madame, il vient de sortir, il a dit qu'il ne serait pas longtemps.

LUCIE.

Où est-il allé ?

NARCISSE, tirant son mouchoir et s'arrêtant au premier nœud.

Si Madame était l'oncle de Monsieur, je lui dirais que Monsieur est au ministère, mais comme Madame n'est pas son oncle, je lui avouerai que je n'en sais rien.

LUCIE.

Vous êtes plein d'esprit, Narcisse, et votre mouchoir embaume... Je vois avec plaisir que nous usons des mêmes odeurs. Chez qui vous fournissez-vous ?

NARCISSE, embarrassé.

Je... c'est madame Narcisse qui s'occupe de ces détails.

LUCIE.

Eh bien ! vous lui ferez mes compliments : elle connaît les bonnes maisons. Vous direz à Monsieur que je suis venue.

Elle va pour sortir.

NARCISSE.

Bien, Madame. (S'arrêtant au deuxième nœud.) Mais je suis chargé d'une mission pour Madame.

LUCIE, revenant.

Eh bien ! dépêchez-vous, parlez !

NARCISSE.

C'est une surprise que Monsieur fait à Madame !

LUCIE, impatientée.

Laquelle? Mais parlez donc!

NARCISSE.

C'est que Monsieur a renoncé au monde et dînera ici ce soir.

LUCIE.

Ce n'est pas possible! Il m'a dit le contraire, il n'y a pas une heure; vous perdez l'esprit, Narcisse!

NARCISSE.

Je ne m'en suis pas encore aperçu, Madame. Tout ce que je sais, c'est que Monsieur a dit que tout était changé et qu'il dînait avec Madame.

LUCIE, à part.

Allons bon! encore tout changé! Moi qui ai prévenu René! il faut que je le décommande. Ah! c'est insupportable!

NARCISSE.

Je sais que j'ai encore quelque chose à vous dire, puisqu'il me reste encore un nœud à mon mouchoir, mais il ne me rappelle rien. (Cherchant.) Ah! j'y suis! c'était de prier Madame de venir à cinq heures bien exactement!

LUCIE.

A cinq heures? ici?

NARCISSE.

Oui, ici.

LUCIE.

C'est bien ! j'y serai.

         Elle sort.

SCÈNE XIII

NARCISSE, seul, mettant le couvert.

Oh! non! décidément, elle ne me revient pas, celle-là ! Voyez-moi cette péronnelle qui vient flairer mon mouchoir! De quoi se mêle-t-elle?... est-ce que je vais la sentir, moi! Nous avions mieux que ça avant. Madame Emma! oh! quelle femme! et des avantages! Et puis, une artiste, elle jouait dans un théâtre du boulevard! En voilà une qui était aimable!... Ce qu'elle nous a donné de billets à ma femme et à moi! Drôle d'idée que Monsieur a eue de la quitter! (Il s'asseoit dans un fauteuil.) Et pourtant, M. Henri, en voilà un qui comprend l'existence! Depuis qu'il est dans la maison, je ne l'ai jamais connu veuf; mais avec ça il est rangé : jamais qu'une corde à son arc; il est vrai qu'il la remplace souvent! Et puis il n'est pas fier, M. Henri : qu'est-ce que vous voulez aussi?... c'est toujours Narcisse par ci, Narcisse par là : je suis de moitié dans son existence; car, enfin, qu'est-ce qu'il deviendrait si je n'étais pas là?... Quand la famille arrive et que la petite est ici, c'est toujours moi qui sauve la situation ! Ce qu'il faut de sang-froid, on ne s'en doute pas! (Il se lève et va à la cheminée.) Tiens ! je vous demande un peu, des épingles à cheveux et ça attend son oncle! Ah ! non, pas de tête, pas de tête !... faut que Narcisse veille à tout!

Henri rentre.

SCÈNE XIV

HENRI, NARCISSE.

HENRI.

Il n'est venu personne ?

NARCISSE.

Si Monsieur, Madame est venue.

HENRI.

Vous lui avez dit de venir à cinq heures ?

NARCISSE.

Puisque Monsieur m'en avait chargé; je lui ai dit aussi qu'elle dînerait avec Monsieur ce soir.

HENRI.

Elle n'a rien dit?

NARCISSE.

Oh! elle n'est pas bavarde avec moi; elle a dit qu'elle viendrait et elle est partie!

HENRI.

C'est bien, merci, Narcisse, si votre couvert est mis, vous pouvez descendre.

NARCISSE.

Bien, Monsieur!

On sonne.

HENRI.

Voyez donc qui c'est?

Narcisse va ouvrir.

NARCISSE.

Monsieur, le monsieur de ce matin.

HENRI.

C'est bien, faites entrer et laissez-nous!

SCÈNE XV

RENÉ, HENRI.

RENÉ.

Oh! non! il y a un sort!

HENRI.

Quoi! le vent a encore tourné?

RENÉ.

Vous pouvez bien le dire! j'ai assez l'air d'une girofiette. On me prévient que le parrain est revenu de la campagne et qu'on ne peut plus dîner avec moi. Si vous croyez que c'est une existence !

HENRI.

Vous êtes un joli farceur, vous !

RENÉ.

Vous prenez ça gaiement : on voit bien que ce n'est pas vous qui jeûnerez !

HENRI.

Ni vous non plus. Cela ne vous empêchera pas de dîner avec nous. Nous ferons un mort au lieu de faire un whist.

RENÉ.

Pas drôle ! C'est moi qui ferai le mort!

HENRI.

Évidemment! Ce n'est pas tout ça : avec vos histoires, je n'ai pas eu le temps de faire ma toilette.

RENÉ.

Je m'en vais alors.

HENRI.

Mais non, vous ne me gênez pas, je m'habillerai dans ma chambre. (Il passe dans la pièce à côté, dont il laisse la porte ouverte.) Fumez!

RENÉ.

Non, merci !

HENRI.

Comment, vous ne fumez pas ?

RENÉ.

Je n'ai pas encore pu m'y habituer.

HENRI.

Dites donc !... cette petite femme de ce soir, c'est votre première passion ?

RENÉ.

Oui, Monsieur, et je n'en aurai jamais d'autres !

HENRI.

Vous direz cela plus d'une fois.

RENÉ.

Comment ! ça vous étonne ?

HENRI, revenant en scène tout en s'habillant.

Moi, pas du tout ! Alors, c'est une perle ?

RENÉ.

Mais oui ! Tenez ! je vais vous montrer sa photographie.

On sonne.

HENRI.

Je ne peux aller ouvrir dans ce costume : voyez donc

qui c'est, je vous prie, ça doit être un ami. (René sort. Henri continue à s'habiller et fredonne. — Il arrange sa cravate.) Oh! c'est agaçant! ces cravates.

RENÉ, à la cantonade.

Attends deux secondes, tu ne peux entrer maintenant. (René rentre. Avec ahurissement.) Ma tante!

HENRI.

Quoi! « ma tante? »

RENÉ.

Elle est là!

HENRI.

Comment! votre tante ici?

RENÉ, avec volubilité.

Qu'est-ce que vous voulez? je suis stupide : je lui ai si bien persuadé que vous étiez malade, qu'elle vous croit mourant, et veut à toute force venir vous soigner! Qu'est-ce qui pouvait prévoir ça? Il n'y a pas à dire, il faut que vous fassiez le malade, sans quoi je suis perdu!

HENRI.

Ah! par exemple, non, c'est trop fort! Débrouillez-vous sans moi, cette fois.

RENÉ.

Oh! je vous en supplie, si ma tante découvre le truc,

e ne pourrai plus voir ma petite amie; faites ça pour nous!

HENRI.

Ah çà! mais c'est une scie! Voyons! vous vous servez de mon nom sans me connaître, vous me forcez à aller dîner chez votre tante, et vous voulez maintenant que je fasse le malade! Ah! non! il y a une fin à tout!

RENÉ, suppliant.

Ce serait la mienne! C'est la dernière chose que je vous demande!

HENRI.

Oh! oui, je sais bien, c'est toujours la dernière!

RENÉ.

Écoutez, je vais lui dire que vous allez mieux, elle ne restera qu'un instant. Pour cinq minutes, je vous en prie, faites le malade!

HENRI, ennuyé.

Allons, je cède encore cette fois! Ah! quand on a un pied dans le crime, on est toujours forcé d'y mettre les deux. (René va pour sortir.) Qu'est-ce que vous allez faire?... Et cette table?

RENÉ.

Oh! c'est vrai! (Il prend la nappe par les quatre coins et enlève ainsi tout le couvert.) Service pour service, je vous en rendrai un!

Il jette le tout dans le cabinet de toilette.

HENRI, riant.

Il ne perd pas la carte, cet animal-là! Voyons! faut-i que je me couche?

RENÉ.

Non, passez seulement une robe de chambre!... tenez! la voici... là... asseyez-vous vite, ma tante attend.

HENRI, s'allongeant dans un fauteuil.

Oui, elle a tant de sollicitude pour moi qu'elle m'en gêne!

RENÉ, il va pour ouvrir.

Ah! dites donc, vous savez? on se tutoie devant ma tante.

HENRI, à part.

C'est ça qui ne m'inquiète pas!... pour ce que je vais dire!

SCÈNE XVI

Les Mêmes, MADAME DUROY.

RENÉ.

Tu peux entrer.

Henri fait un mouvement pour saluer.

MADAME DUROY.

Oh! je vous en prie, non, ne vous levez pas!

HENRI, péniblement.

Je vous demande pardon, Madame, je regrette de vous avoir fait attendre.

MADAME DUROY.

Mais pas du tout, Monsieur... Vous êtes l'ami de René, je vous sais malade, sans famille, et j'accours.

HENRI.

Vous êtes bien bonne, merci!

MADAME DUROY.

Vous souffrez beaucoup?

HENRI, faiblement.

Oui.

MADAME DUROY.

Où?

HENRI.

Partout.

MADAME DUROY.

Avez-vous vu un médecin, au moins?

Henri fait un signe qu'on ne comprend pas.

RENÉ.

Ma tante, ça le fatigue de parler; oui, il y avait un médecin tout à l'heure; il a dit que ce ne serait pas grand' chose, un peu de faiblesse, excès de travail.

MADAME DUROY.

Pauvre jeune homme! Mais enfin il a ordonné quelque chose, ce médecin?

RENÉ.

Il m'a laissé une ordonnance. (Tirant son portefeuille.) Tiens! je l'ai là! il faut que j'aille chez le pharmacien.

MADAME DUROY.

Mais vas-y tout de suite!

RENÉ.

Oui, j'y vais! (A Henri.) Veux-tu boire quelque chose? (Henri ne répond pas. — A sa mère.) Tu vois, il est assoupi. (A Henri.) Veux-tu boire quelque chose?

HENRI.

Hein! vous dites?

MADAME DUROY.

Il ne te reconnait plus, il te dit vous. Voyons, va chercher cette potion.

RENÉ.

Mais, ma tante...

MADAME DUROY.

Vas-y donc! je reste près de lui jusqu'à ton retour, ne t'inquiète pas!

RENÉ.

Ne le fais pas trop causer!

MADAME DUROY.

J'ai plus l'habitude des malades que toi, grand enfant!... va vite!

RENÉ, hésite et sort.

Je ne fais qu'aller et venir!

Il sort.

SCÈNE XVII

HENRI, MADAME DUROY.

MADAME DUROY.

Vous devriez vous coucher, Monsieur!

HENRI.

Merci!

MADAME DUROY, lui prend la main.

Oui, il a un peu de fièvre. (A part.) Que lui donner? Vous devez manquer de tout, ici?... un garçon! (Elle se lève et parcourt la chambre.) Avez-vous seulement de la fleur d'oranger?

HENRI.

De la fleur d'oranger!... (Souriant sans qu'elle le voie.) Il n'y en a plus. (Madame Duroy cherchant partout, ouvre un tiroir. A part.) Ah! sapristi! elle va trouver la photographie de Lucie, moi qui l'avais cachée à cause de mon oncle.

MADAME DUROY.

Oh! la jolie personne! Elle vous ressemble d'une façon étonnante. C'est une parente?

HENRI.

Oui...

MADAME DUROY.

Votre sœur, n'est-ce pas?

HENRI.

Oui. (A part.) Il y a des gens qui voient des ressemblances partout!

MADAME DUROY.

Elle habite Paris?

HENRI.

Non, la campagne!

MADAME DUROY.

Elle ne vient jamais vous voir?

HENRI, goguenard.

Si, souvent. (A part.) Mon Dieu! pourvu qu'elle ne voie pas la dédicace!

MADAME DUROY, posant la photographie sur la table.

Voulez-vous que je la fasse prévenir?

HENRI.

Non, c'est inutile... (A part.) Elle viendra bien toute seule... Ah çà! mais ça commence à m'énerver.

On sonne plusieurs coups.

SCÈNE XVIII

Les Mêmes, LUCIE.

MADAME DUROY.

Voilà bien le coup de sonnette de René!

HENRI, à part.

Sacrédié! Lucie!

Il se précipite pour aller ouvrir.

MADAME DUROY, l'arrêtant.

Restez, je vais ouvrir!

HENRI.

Je ne souffrirai pas, Madame...

MADAME DUROY.

Ne bougez pas, je vous le défends!

Elle va ouvrir.

HENRI, seul.

Allons, bon! il ne manquait plus que cela!

LUCIE, à la cantonade.

Pardon, Madame, je me suis trompée!

MADAME DUROY.

Mais du tout, vous êtes bien chez M. Lorez. Je vous reconnais, vous êtes sa sœur; qu'il va être heureux de vous voir! Le pauvre garçon est souffrant. (Rentrant.) Monsieur Henri, bonne nouvelle! je vous annonce votre sœur.

LUCIE, très gênée, entre.

Mon pauvre ami!...

Elle s'asseoit gauchement près de la porte.

MADAME DUROY.

Oh! comme vous êtes émue! Ça ne sera rien, rassurez-vous! (Bas.) Vous allez l'impressionner, prenez garde!

LUCIE.

Vous croyez?

MADAME DUROY.

Mais oui, allez donc lui parler.

LUCIE, se lève et va embrasser Henri; bas, à l'oreille d'Henri.

Qu'est-ce que cela veut dire?

HENRI, de même.

Vas-y carrément, tutoie-moi.

LUCIE, haut.

Il y a longtemps que tu es souffrant?

HENRI, faiblement.

Non, ça m'a pris subitement!

LUCIE.

Où souffres-tu?

MADAME DUROY, *faisant signe de ne pas fatiguer le malade.*

Il ne le sait pas lui-même! Il est abattu, il paraît qu'il travaille beaucoup : il se sera surmené.

LUCIE, *moqueuse.*

Pauvre garçon! il n'est pas très robuste : je lui dis souvent de se ménager.

MADAME DUROY.

Mais il n'écoute que son ardeur. Il est ambitieux. Cela n'est pas un mal. Ah! c'est un bien charmant jeune homme, monsieur votre frère! et je suis bien heureuse de son intimité avec mon neveu!

LUCIE.

Vous avez un neveu, Madame?

MADAME DUROY.

Oui, presque un fils sur lequel votre frère veut bien veiller. Et vous, Madame, vous avez des enfants?

LUCIE, *prétentieuse.*

Le ciel m'a refusé cette joie!

MADAME DUROY.

Mais vous êtes si jeune! Il n'y a pas longtemps que vous êtes mariée?

LUCIE, *regardant Henri.*

Un an à peine!

MADAME DUROY.

Ce n'est qu'un an de perdu!

Mouvement d'Henri.

HENRI, à part.

Je ne suis pas de son avis.

Madame Duroy s'approche de lui.

LUCIE, à part.

Ah! je voudrais être être à cent pieds sous terre, mais me voilà libre! il faut vite que je prévienne René. (S'approchant d'Henri. — Haut.) Mon pauvre ami, je ne m'attendais pas à te trouver malade. J'ai deux courses indispensables à faire : je vais profiter de la présence de Madame. Je reviendrai tantôt voir si tu as besoin de moi.

MADAME DUROY.

Je vous remercie, Madame, de la preuve de confiance que vous me donnez, mais je saurai bien mal vous remplacer.

HENRI, à part.

Oh! oui!

LUCIE.

C'est moi, Madame, qui vous suis reconnaissante!

MADAME DUROY.

J'espère, Madame, que nos relations n'en resteront

pas là, et que j'aurai le plaisir de vous voir chez moi avec Monsieur votre frère.

LUCIE, saluant.

Madame!...

Elle sort.

SCÈNE XIX

MADAME DUROY, HENRI.

MADAME DUROY.

Charmante, votre sœur; voilà un hasard heureux, qu'elle vienne justement lorsque vous êtes souffrant! Ça va vous faire du bien de l'avoir auprès de vous.

HENRI.

Oui.

MADAME DUROY.

Je lui recommanderai de ne pas trop vous faire parler. Il ne faut pas qu'elle vous fatigue!... (Par réflexion.) Que fait donc ce René de ne pas revenir?

HENRI, à part.

Quelle drogue va-t-il m'apporter, cet animal-là?

MADAME DUROY.

Savez-vous ce qu'a ordonné le médecin?

HENRI, faiblement.

Non !

MADAME DUROY, à part.

Pauvre garçon ! Est-il abattu ! (A Henri.) Je vous assure que vous feriez mieux de vous coucher !...

HENRI.

Oui, tout à l'heure !

RENÉ, entre, un flacon à la main.

Ouf ! c'est moi !

SCÈNE XX

RENÉ, MADAME DUROY, HENRI.

MADAME DUROY.

Enfin ! Comment es-tu resté si longtemps ?

RENÉ.

C'était très long à préparer. Il faut en mettre trois cuillerées à café dans un verre, remplir le verre d'eau en versant lentement goutte à goutte et d'une certaine hauteur.

MADAME DUROY.

Quelle histoire me fais-tu là ?

RENÉ.

C'était sur l'ordonnance !

MADAME DUROY.

Où est-elle cette ordonnance ?

René fait semblant de chercher dans son portefeuille qu'il laisse sur la table, fouille dans ses poches, etc.

RENÉ.

Je ne la retrouve pas, je l'aurai laissée chez le pharmacien.

MADAME DUROY.

Enfin ! soit, je vais préparer comme tu le dis !

Elle s'écarte pour préparer la potion.

RENÉ, bas, à Henri, avec volubilité.

N'ayez pas peur, c'est de l'absinthe ! Mais il ne s'agit plus de tout ça : je viens justement de rencontrer ma petite amie. Son parrain est malade, elle est libre, je vais la prendre dans une demi-heure. Il faut emballer ma tante.... Dites que vous allez mieux.

MADAME DUROY, apportant le verre d'absinthe préparé ; elle y goûte. — A part.

Oh ! que c'est amer ! (Haut.) Tenez, buvez, ça n'est pas mauvais, n'ayez pas peur !

Henri boit ; pendant ce temps, René aperçoit sur la table la photographie de Lucie.

RENÉ, à part.

Ciel! la photographie de Lucie! je l'aurai laissé tomber de mon portefeuille! Pourvu que ma tante ne l'ait pas vue!

Il la prend.

MADAME DUROY.

Tu regardes la photographie de la sœur de ton ami? N'est-ce pas qu'elle est charmante?

RENÉ, ahuri.

Oui, charmante! (A part.) Sa sœur! Il m'a encore sauvé! C'est un terre-neuve!... Elle n'a pas lu la dédicace, alors!

MADAME DUROY.

René, mets donc un coussin derrière le dos de ton ami.

RENÉ.

Voici, ma tante. (Il apporte le coussin. — A part, mettant la photographie dans sa poche.) C'est prudent.

MADAME DUROY, à René.

C'est un calmant, n'est-ce pas, cette potion?

RENÉ.

Oui, oui, c'est un soporifique; il faudrait le laisser reposer!

HENRI.

Je vous remercie. Oui, je voudrais...

RENÉ, à Henri.

Tu voudrais dormir un peu? Tu vois, ma tante, tu n'es plus nécessaire, ça va mieux. Je vais rester près de lui, et je travaillerai en le veillant.

MADAME DUROY.

Aimez-vous mieux ça, Monsieur?...

HENRI.

Oui, Madame, je me sens moins faible, merci de vos bontés... Je vais essayer de dormir!
Il s'assoupit.

RENÉ.

Allons, ma tante, viens, je vais te reconduire.

MADAME DUROY.

Au revoir, Monsieur. Si vous aviez besoin de mes soins, vous savez que je suis toute à votre disposition.

HENRI.

Merci, mille fois!
Il fait un mouvement pour se lever.

MADAME DUROY.

Non, non, ne me reconduisez pas. Au revoir!
Elle sort.

RENÉ, de la porte.

Tu n'as besoin de rien?

HENRI.

Dites donc à Narcisse de monter.

SCÈNE XXI

HENRI, seul.

Ouf! il était temps! Un peu plus, j'allais me croire malade! Enfin, prenons notre médecine. Il ne manque pas d'esprit ce gamin-là; il pense à tout, même à vous donner l'absinthe avant dîner. Il m'a donné un appétit!... Et cette malheureuse photographie qui a failli tout perdre! Si jamais sa tante apprend la vérité, cela fera une rude brèche à la réputation qu'il m'a faite. Ah çà! où l'a-t-il cachée? (Il cherche la photographie, ne la retrouve plus, mais aperçoit le portefeuille de René.) Tiens! qu'est-ce c'est que ça? Un portefeuille! Ce n'est pas à moi. (Il l'ouvre et trouve la photographie de Lucie.) Comment cette photographie se trouve-t-elle dans ce portefeuille? C'est une féerie! Du diable si j'y comprends rien!... Bah! je n'ai pas besoin de comprendre... je vois d'ici la tête de la maman Duroy, si elle avait lu cette dédicace : « Tu es mon unique amour, le jour où tu n'aimeras plus l'original, j'en mourrai, mais tu me rendras la copie. Tu me le jures, ô mon René? » Hein! René!... Je n'y suis plus!... Mais non, il y a bien René! Ah çà! voyons, à qui donc est ce portefeuille? (Il tire une carte et lit.) René Duroy. Eh bien! c'est pas malin! j'y suis!... Je le suis!... Oh! mais on ne se moque pas de moi comme ça! Ça ne se passera pas ainsi! Comment! Ce crapaud-là!... (Il s'arrête court et se frappe le front.) Mais non, il y va naïvement, ce gamin; c'est elle qui le roule... qui nous roule, tous les deux!... C'est raide!... Eh bien! tu ne l'emporteras pas en paradis!...

SCÈNE XXII

HENRI, RENÉ.

René entre.

HENRI.

Ah! vous voilà, petit serpent!

RENÉ, n'a pas l'air de comprendre.

Pourquoi petit serpent?

HENRI.

Puisque je vous réchauffe dans mon sein... ou plutôt dans son sein. Ah çà! puisque nous dînons ce soir avec votre maîtresse, dites-moi un peu qui c'est?

RENÉ.

Ma petite Lucie! mais c'est une fillette adorable. Oh! tenez! regardez donc sa photographie. (Il la tire de sa poche et la lui donne.) Figurez-vous qu'elle était tombée devant ma tante; vous avez eu une rude présence d'esprit tout de même, de la faire passer pour votre sœur. Je n'ai seulement pas pu la remettre dans mon portefeuille que, par parenthèse, j'ai dû laisser ici.

Il se met à la recherche de son portefeuille, et le prend sur la table.

HENRI, retournant tout de suite la photographie.

C'est bien ça! ma photographie! Nous avons la même dédicace... la dédicace omnibus! c'est complet. Rendons-lui la sienne! (Il change les deux photographies.) Charmante! Et qu'est-ce qu'elle fait, cette enfant?

RENÉ.

Elle est dans sa famille, elle a un parrain qui la tient très raide.

HENRI.

Ah! un parrain! (A part.) Je suis le parrain!

RENÉ.

Oui, un imbécile qui l'assomme!

HENRI.

Un imbécile! (A part.) C'est moi l'imbécile!

RENÉ.

Quand elle peut s'échapper, elle est rudement contente!

HENRI.

Vous avez de la veine, vous, petit Lovelace!

RENÉ.

Mais oui, je ne me plains pas!

NARCISSE, entrant.

Monsieur m'a fait dire de monter?

HENRI.

Oui, allez chercher une voiture. (Brutalement, à René.) Savez-vous nager?

RENÉ.

Non.

HENRI.

Eh bien! vous allez prendre une leçon! je vais vous faire faire une pleine eau.

RENÉ.

Je ne comprends pas du tout.

HENRI.

Vous comprendrez plus tard. (On sonne très fort.) Tenez, entrez là! (Il le pousse dans la chambre à coucher.) Je vous permets d'écouter aux portes, et même je vous le recommande. Seulement, ne bougez pas!

Il ferme la porte à clef et va ouvrir.

SCÈNE XXIII

LUCIE, HENRI.

LUCIE, entrant.

Comment! te voilà debout?

HENRI.

C'était une frime!

LUCIE.

Cette maladie?

HENRI.

Mais oui, ça n'était pas sérieux, c'était pour me débarrasser de cette vieille dame. Allons! venez embrasser votre grand frère!

LUCIE.

Où ça s'embrasse-t-il un frère? Sur le front ou sur la joue?

HENRI.

Ne change pas tes habitudes! (Elle lui saute au cou.) C'est gentil, une sœur! Tu sais, nous dînons ensemble!

LUCIE.

Tout est encore changé?

HENRI.

Avoue qu'il y a des péripéties pour ce malheureux dîner!

LUCIE.

Oh! oui! (A part.) René ne va plus rien y comprendre.

HENRI.

Nous dînons à quatre.

LUCIE.

A quatre? Avec qui?

HENRI.

Avec mon jeune ami de ce matin, le petit Duroy et ses amours.

LUCIE.

René Duroy?

HENRI.

Tiens! tu le connais?

LUCIE, vivement.

J'en ai entendu parler par sa maîtresse!

HENRI.

Qui est-ce donc? Tu la connais aussi?

LUCIE.

Un peu... Il ne t'en a rien dit?

HENRI.

Non.

LUCIE, à part.

Je l'ai échappé belle!

HENRI.

Il m'a dit simplement que c'était une gamine sans importance qui était folle de lui!

LUCIE.

Comment! il t'a dit cela, ce petit imbécile! Oh! c'est trop fort!... Quand on voit le dessous des cartes, tu sais!...

HENRI.

Elles sont biseautées!

LUCIE.

Ah! oui!

HENRI.

Il est loin de s'en douter, va! il prétend au contraire qu'il la mène par le bout du nez!

LUCIE, vexée.

C'est un petit fat! un petit poseur, qui se croit bien malin, parce qu'elle a intérêt à le lui faire croire : c'est elle qui en fait ce qu'elle en veut!

HENRI.

C'est une gaillarde, alors?

LUCIE.

Mais non, elle ne le prend pas au sérieux, un enfant! Pour elle, c'est un en-cas!...

HENRI.

Oh! un enfant!

LUCIE.

Mais oui; si tu voyais les lettres qu'il lui écrit : c'est d'un naïf!...

HENRI.

Tiens! ça va être amusant de les voir ensemble!

LUCIE.

Oh! non, ils seront assommants, au contraire! Quelle

singulière idée tu as eue d'arranger cette partie? Comme si ça n'était pas plus gentil de dîner tous les deux!

HENRI.

Si, c'est vrai! mais j'ai promis!

LUCIE.

La belle affaire! Promettre et tenir sont deux!

HENRI.

En politique, je suis de ton avis, mais dans la vie privée...

LUCIE.

Je t'en prie, mon petit Henri, fais-moi ce plaisir, nous dînerons en tête-à-tête comme deux amoureux!

HENRI.

Non! ça t'ennuiera!

LUCIE.

Ne blasphémez pas, vilain! Est-ce qu'on s'ennuie quand on s'aime?

HENRI.

Oui, mais m'aimes-tu?

LUCIE.

Henri! tu ne dis pas cela sérieusement. Vous savez trop bien, méchant, qu'on vous adore!...

HENRI.

Heu! heu!...

LUCIE.

Je t'en prie, Henri, même en plaisantant, n'aie pas l'air de douter : tu ne sais pas le mal que tu me fais!

HENRI.

Tu m'aimes donc vraiment?

LUCIE.

Mais ne sais-tu pas qu'au monde, je n'ai jamais aimé et n'aimerai que toi!

HENRI.

N'engage pas l'avenir, va, c'est déjà beaucoup d'engager le passé!

LUCIE.

Mais que t'ai-je fait? Oh! je le vois! tu ne m'aimes plus. Mon Dieu! mon Dieu! que je suis malheureuse!

Elle pleure.

HENRI, à part.

Des larmes! Je vais chercher son en-cas!...

SCÈNE XXIV

Les Mêmes, RENÉ.

HENRI, à René, le poussant.

Eh bien! savez-vous nager, maintenant?

RENÉ.

Merci! mais ça m'a fait bien mal!

LUCIE, à part.

Je suis jouée!...

NARCISSE, entrant.

La voiture est en bas!

HENRI.

Très bien! (A Lucie.) C'est une voiture de déménagement, ma chère amie!...

NARCISSE, à part.

Oh! des ménagements, il me semble qu'ils n'en ont guère.

Il sort.

LUCIE, sanglotant.

C'est lâche! Henri, de traiter comme cela une femme qui ne t'a jamais fait de mal!...

HENRI.

Au contraire... (Regardant René.) Et qui nous a tant aimés... tous les deux!... (Lucie pleure.) Allons, mon pauvre ami, prenez ça gaiement, voyons!... Nous ne sommes plus que deux, eh bien! au lieu d'un mort, nous ferons un bézigue!

RENÉ, qui s'est approché de Lucie et lui a pris la main.

Si nous la gardions pour marquer les points!

HENRI, reste un instant stupéfait, puis au public.

Hein ! c'est beau, la jeunesse !... (A René.) Je vous remercie, je ne suis plus de la partie.

RENÉ, emmenant Lucie.

Alors, je fais Charlemagne.

Il sort.

HENRI.

Eh bien ! je reste seul, je ferai une réussite !

Rideau.

AMOUR ET JOURNAL

COMÉDIE EN UN ACTE

PERSONNAGES

DURASOIR, 55 ans.
CLÉMENCE, sa nièce, 18 ans.
NOÉMIE, institutrice, 23 ans.

———

AMOUR ET JOURNAL

La scène représente le cabinet de Durasoir. — Au fond : cheminée au milieu, porte de sortie à gauche de la cheminée. — A droite, au premier plan, fenêtre. — Au deuxième plan, table de travail. — A gauche, au premier plan, porte de la chambre. — Fauteuils, chaises, etc.

SCÈNE PREMIÈRE

DURASOIR, entrant au fond, un énorme paquet de lettres à la main.

Il risque sa place, ce pauvre petit employé de la poste à m'apporter chez moi les lettres qui me sont adressées bureau restant... C'est vrai... je lui donnerai vingt francs pour sa peine... ce ne sera que justice... Toutes ces lettres-là pour un seul homme!... et dire que cet homme c'est moi!... Quand je vois ça, je suis fier d'être de mon sexe... (Il s'asseoit à son bureau, met ses lunettes et ouvre une lettre.) Allons!... voyons le contenu... c'est drôle, je suis ému. Allons, allons, morbleu!... c'est de bêtise... je ne suis pas une femmelette. (Lisant.) « Monsieur, sauf la question d'âge, je suis celle que votre cœur désire, mais les quelques printemps que j'ai ajoutés à ceux dont vous fixez le nombre, » (Parlé.) Ça sent son 1830. (Lisant.) « n'ont fait que développer chez moi le besoin d'affection. Je souffre comme vous d'être seule. »(Parlé.) Il y en a comme cela pendant quatre pages... Elle est remontée, la vieille... eh bien! ça ne mord pas!... Et d'une!... Passons à une autre. (Il ouvre une autre lettre, lisant.) « Monsieur, je regrette pour vous l'idée malheureuse qui vous a poussé à vouloir vous marier par la voie des journaux. » (Parlé.) Ah çà! de quoi se mêle-t-elle celle-là? (Lisant.) « Vous serez certainement dupe de quelque intrigante qui abusera de votre candeur. » (Parlé.) Ma candeur! (Lisant.) « Tandis qu'il vous était si facile d'éviter ce danger en vous adressant à une maison sûre comme celle qu'a créée l'illustre M. de Foix ou comme celle que je dirige moi-même rue des Bons-Ménages, n° 13. Dans l'espérance de vous voir, recevez, etc. Signé : Lebrun. » (Parlé.) Ah çà! elle me prend pour un imbécile, cette brave dame... elle est bien bonne... Non, mais me voyez-vous allant m'adresser à une maison de mariage qui tient des jeunes filles assorties?... il ne manquerait plus que cela... Je veux me marier, d'accord... j'en ai même très envie... mais, ma petite dame, c'est sérieux... Je ne veux pas une fille qui court les agences, moi .. je veux une fille bien jeune, bien candide et qui m'aime...

Du reste il n'y a pas à s'y tromper : c'est ce que je demande. Où est donc le journal?... (Il se lève et va prendre le journal sur un fauteuil.) Ah! voilà. (Cherchant à la quatrième page.) C'est assez clair pourtant. (Lisant.) « Un Monsieur d'un certain âge, ayant fait sa fortune et se sentant le besoin d'aimer, serait heureux de s'unir à une jeune et belle personne de dix-huit à vingt ans qui saurait le comprendre et voudrait lui consacrer sa vie... le manque de fortune ne serait pas un obstacle... Répondre poste restante aux initiales A. D. Discrétion absolue... Photographie si possible. » Si, après ça, on peut prétendre que je cherche à me marier par les agences... je veux bien que le loup me croque... Je ne cherche pas l'argent, je cherche un cœur... Ça ne doit pas être malin à trouver, un cœur... et puis une jolie enveloppe pour ce cœur... C'est vrai... mais je ne vois que ça dans les rues, moi, des jolies enveloppes... Seulement je veux écrire dessus : Personnelle. Allons, continuons... (Prenant une lettre.) Tiens ! elle est gentille cette petite lettre rose... Si elle peut me faire voir la vie sous cette couleur! (Lisant.) « Monsieur, j'ai lu avec intérêt dans le journal de papa. » (Parlé.) C'est frais, ça, le journal de papa. (Lisant.) « J'ai lu avec intérêt dans le journal de papa votre proposition de mariage. Je crois répondre assez bien à votre idéal, mais malheureusement je n'ai que quinze ans et demi... il faudra donc attendre six grands mois. » (Parlé.) Quinze ans, mon enfant, c'est un peu jeune... je suis comme la valeur, je n'attends pas le nombre des années... C'est dommage... ça débutait bien... «J'ai lu avec intérêt dans le journal de papa... » Enfin, oui, c'est trop jeune... n'y pensons plus !... Oh! mais si cela continue, je vais rester garçon... (Prenant une nouvelle lettre.) Oh! oh! ça sent bon !... J'aime bien ça, les poulets parfumés, moi, et puis c'est la première fois que j'en reçois... je n'avais jamais eu le temps jusqu'ici... ça manque de photographie... c'est dommage. Peste, des vers !...

    Lisant.

    J'avais juré de rester fille,
    Tu t'es trouvé sur mon chemin,
    Et, comme tu parais bon drille,
    Si tu veux, je t'offre ma main.

« N'allez pas croire par ce début littéraire, mon cher Monsieur, que sois un bas bleu, je les déteste... ça déteint, mais je suis une bonne fille, nous pourrions peut-être nous convenir... Venez donc me voir de midi à trois heures, 15, rue de l'Avenir... Fernande. » (Parlé.) Non, en conscience, si ça arrivait à un autre qu'à moi, je ne le croirais pas... On veut se marier sérieusement, on fait tout ce qu'il faut pour cela et voilà les offres qu'on reçoit... Non, ma parole, c'est à vous dégoûter d'être honnête. (Prenant une lettre.) Et celle-là, une écriture tremblée. C'est une cuisinière au moins, ça manquait. (Lisant.) « Monsieur, vous demandez qu'on vous aime, mais encore faut-il qu'on vous connaisse, vous demandez une jeune fille belle, faut-il encore qu'elle soit telle à vos yeux. Demain jeudi je passerai à deux heures rue de l'Espérance. » (Parlé.) Tiens, ma rue!... (Lisant.) « Trouvez-vous là avec une rose blanche à la boutonnière, j'aurai le même emblème à mon corsage... Nous verrons ensuite... Je ne serai pas seule... soyez prudent... Ce que je fais est sans doute bien mal, mais je suis si malheureuse! et je ne sais quel pressentiment me dit que vous êtes un galant homme. » Je crois bien que je suis un galant homme! Mais c'est qu'elle est adorable, cette lettre... L'écriture est un peu tremblée... pauvre enfant, je comprends cela quand on écrit à un Monsieur qu'on ne connaît pas... et moi qui prenais cela pour une écriture de cuisinière!... Imbécile! (Se levant.) Il est évident qu'elle a raison... Ça ne fait pas de doute... il faut se connaître. (Otant sa robe de chambre et mettant une jaquette.) Je ne suis pas tout jeune... c'est sûr... elle doit bien le penser... Quand on dit : Un Monsieur d'un certain âge, on sait bien qu'il faut entendre par là un Monsieur d'un âge certain... d'au moins cinquante ans... Eh bien mais... (Se regardant dans la glace.) C'est ce que je parais... cinquante, cinquante-cinq : tout cela se tient. (Regardant sa montre.) Une heure et demie, j'ai le temps... Je prendrai une rose chez la fleuriste en face... ça fait pas mal une rose à la boutonnière... Elle est adorable, cette enfant!... (Il relit la lettre, l'embrasse et la repose sur son bureau.) Je suis amoureux... parole d'honneur... Saperlipopette ! pourvu qu'elle soit jolie... car enfin moi je veux une femme qui me plaise... C'est que je ferais une bête de figure si elle était laide... Me voyez-vous retirant ma rose pour lui dire que tout est rompu! Non, vrai... j'aurais une bonne tête... c'est pas pratique... J'ai assez envie, moi, de ne mettre une rose qu'après l'avoir vue... Ça, c'est assez malin... elle ne me va pas?... ni vu ni connu : je suis un passant .. elle me plaît?... j'arbore ma rose... ce sera même bien plus significatif... Je me sens tout émoustillé... Mes gants... mon chapeau...(Se regardant dans la glace.) Allons! allons, Durasoir! il faut être irrésistible, mon ami... (On frappe.) Sacredié! c'est assommant! (Haut.) Entrez!

SCÈNE II

DURASOIR, CLÉMENCE.

CLÉMENCE.

Bonjour, mon oncle.

DURASOIR.

Tiens, c'est toi, bonjour, mon enfant!

CLÉMENCE.

Mais, mon oncle, vous avez l'air étonné... C'est aujourd'hui jeudi.

DURASOIR.

Parfaitement!... parfaitement... mais je ne t'attendais pas si tôt.

CLÉMENCE.

Eh bien, je me croyais en retard, c'est même pour cela que mademoiselle Noémie m'a laissée en bas et ne m'a pas emmenée faire de courses avec elle.

DURASOIR.

Qui ça, mademoiselle Noémie ?

CLÉMENCE.

C'est la nouvelle sous-maîtresse qui n'est à la pension que depuis huit jours... Vous sortiez, mon oncle ?... voulez-vous que j'aille avec vous ?

DURASOIR.

Non, non, c'est inutile, ça ne t'amuserait pas... C'est un rendez-vous d'affaires que j'ai à deux heures, ça ne sera pas long.

CLÉMENCE.

A deux heures ! Vous n'arriverez pas à temps... Il est au moins deux heures un quart.

DURASOIR.

Tu ne sais pas ce que tu dis. (Regardant sa montre.) Il est une heure et demie... Comment! encore! (Il approche la montre de son oreille.) Arrêtée ! ah ! nom d'un petit bonhomme !

Il sort précipitamment.

SCÈNE III

CLÉMENCE, seule.

Qu'est-ce qui lui prend? (Elle fait un geste d'étonnement, se précipite à la fenêtre et l'ouvre, et pendant toute la scène elle regarde à tout moment dans la rue.) Personne! c'est un peu violent! Abuser de la candeur d'une jeune fille... quelle infamie!... Heureusement j'ai déguisé mon écriture... ça ne me compromet pas. Oh! les hommes!... Après tout, ça n'est peut-être pas sa faute; il peut avoir été retenu par une affaire ou bien n'être jamais libre à deux heures, ce Monsieur... mais comment m'indiquera-t-il un autre rendez-vous? et moi-même je suis encore bien moins libre... Mon Dieu! qu'on a de peine à se marier! J'avais pourtant bien fait mon petit plan... moi, je veux un mari qui me plaise... Alors je m'étais dit, il viendra avec sa rose, je le verrai et je ne montrerai la mienne qu'à bon escient, c'était tout simple... Dieu! que c'est contrariant!... Mais s'il s'était fait le même raisonnement? Oh! par exemple, ce serait indigne! je ne le lui pardonnerais pas... (Elle regarde.) Personne! c'est évident: il a fait ce raisonnement-là; nous nous sommes rencontrés sans nous en douter... Je me rappelle: j'ai croisé un grand Monsieur brun avec des moustaches et des gants clairs... Plus de doute! c'est lui! on ne met des gants clairs que pour un rendez-vous... Mais c'est qu'il était très bien ce Monsieur!... Mon Dieu! que je regrette de ne pas avoir mis ma rose!... Ça n'est pas possible autrement... Il va repasser... Eh bien! tant pis... je la lui jetterai... C'est très mal ce que je fais là... mais aussi c'est de la faute de mon oncle... Vouloir me retenir en pension jusqu'à mon mariage, sous prétexte qu'une jeune fille ne peut pas vivre chez un vieux garçon... mais alors j'y resterai toute ma vie, en pension... je sors une fois par semaine trois ou quatre heures : ce n'est pas comme cela que je trouverai un mari. (On frappe.) Entrez !

SCÈNE IV

CLÉMENCE, NOÉMIE.

CLÉMENCE.

Comment! déjà vous, mademoiselle Noémie! Vous n'avez pas été longtemps.

NOÉMIE.

Je me suis pressée... Votre oncle n'a pas été mécontent de vous voir arriver seule?

CLÉMENCE,

Pas du tout... Du reste, je l'ai à peine vu, il est sorti immédiatement.

Elle regarde par la fenêtre.

NOÉMIE.

Très bien. (A part, nerveuse.) Ce n'est pas possible, il doit y avoir un malentendu

CLÉMENCE, se retournant.

Qu'est-ce que vous avez, mademoiselle Noémie? vous paraissez contrariée.

NOÉMIE.

Moi? pas le moins du monde.

CLÉMENCE.

Je vois bien que vous avez quelque chose... j'espère que ce n'est pas la peur que vous fait mon oncle?

NOÉMIE.

Vous me l'avez dépeint comme un tel monstre que je suis un peu effrayée.

CLÉMENCE.

Non? Vraiment?

NOÉMIE.

Un peu... et puis j'ai marché vite... Tenez, donnez-moi un peu d'eau sucrée, cela me remettra.

CLÉMENCE, lui versant à boire.

Si je savais où trouver de l'eau de mélisse.

NOÉMIE.

Je vous en prie... je ne veux rien d'autre...(Elle prend

le verre d'eau sucrée.) Merci... laissez-moi seulement me reposer quelques instants.

CLÉMENCE.

Bien vrai?

NOÉMIE.

Oui.

CLÉMENCE.

Enfin je suis là, vous m'appellerez..
Elle retourne à la fenêtre.

NOÉMIE.

Je vous le promets. (A part, nerveuse.) Cet employé de la poste avait-il l'air assez impertinent! « — Non, Mademoiselle, il n'y a pas de lettres, poste restante, aux initiales N. S. Mais si vous voulez le permettre, il y en aura une au prochain courrier, je vous le promets. » L'insolent!... Mais aussi comprend-on ce monsieur A. D. qui ne répond pas? Quatre pages serrées comme celles que je lui ai écrites méritaient bien une réponse pourtant... Vieux malappris !... je suis outrée... Je sais bien qu'il n'a eu que juste le temps de répondre... mais maintenant je n'oserai jamais retourner à la poste.

CLÉMENCE, se retournant.

Vous sentez-vous mieux?

NOÉMIE.

Oh! oui... c'est passé.

CLÉMENCE.

Vous ne voulez rien?

NOÉMIE.

Merci. (A part.) Si j'osais, j'emmènerais Clémence demain avec moi et je l'enverrais demander s'il y a des lettres.

CLÉMENCE, regardant par la fenêtre.

C'est fini, il ne viendra pas.

NOÉMIE.

Vous dites?

CLÉMENCE.

Moi... rien...

NOÉMIE.

C'est donc bien intéressant ce qui se passe dans la rue?

CLÉMENCE.

Ma foi non. Je m'étais mise là pour vous laisser reposer... cependant... (Elle se retire un peu en arrière.) tenez! si vous voulez voir mon oncle, le voilà justement qui cause avec la fleuriste en face.

NOÉMIE.

Comment! c'est là cet affreux tuteur?

CLÉMENCE.

Oui, c'est lui...

NOÉMIE.

Mais c'est un vieux baromètre... Il doit avoir des douleurs différentes pour tous les changements de temps.

CLÉMENCE.

Absolument vrai.

NOÉMIE, souriant.

Eh bien! franchement, vous pourriez vivre sous le même toit : il n'est pas compromettant.

CLÉMENCE.

C'est aussi mon avis ; mais ça n'est pas le sien.

NOÉMIE.

Pauvre petite!

CLÉMENCE.

Vous pouvez bien dire : pauvre petite! C'est dur, allez! quand on s'est fait un idéal, d'y renoncer... J'aurais été une si bonne petite femme, une si bonne petite maman! Dieu! que j'aurais été heureuse! Et au lieu de cela je resterai peut-être en pension toute ma vie... sans affection, sans famille. Oh! c'est triste, allez!

NOÉMIE.

Je le sais encore mieux que vous, ma pauvre enfant! (A part.) Je crois bien que je le sais!... moi qui épouserais un nègre plutôt que de ne pas me marier!

CLÉMENCE.

Malheureusement, mon oncle ne comprend pas ces choses-là.

NOÉMIE.

Ma pauvre Clémence, je vous plains beaucoup... et si jamais je puis vous être utile...

CLÉMENCE, lui serrant la main.

Vous êtes bonne, mademoiselle Noémie.

NOÉMIE.

Allons, allons ! ne nous attendrissons pas : ça ne sert à rien. Montrez-le moi encore, cet infâme tuteur, que je m'habitue à sa vue... et quand il viendra je lui dirai son fait, moi !

CLÉMENCE.

Vous feriez cela ?

NOÉMIE.

Vous verrez... Tiens ! où est-il donc ?

Elles sont à la fenêtre. Clémence derrière Noémie.

CLÉMENCE.

Tenez ! là-bas, à l'angle...

NOÉMIE.

Oh ! le vilain laid !... Oh ! le vilain tuteur !... on dirait qu'il épie quelqu'un.

CLÉMENCE, se reculant.

Prenez garde qu'il ne vous aperçoive à la fenêtre. Il m'a défendu de m'y mettre et ne serait pas content de vous y voir

NOÉMIE.

Tant pis !... C'est qu'il n'a pas l'air bon du tout.

CLÉMENCE.

Je vous en prie... Rentrez!

NOÉMIE.

Mais non... Il a l'air furieux... regardez donc!... Est-il assez agité !... moi qui me le figurais si calme, si glacial !

CLÉMENCE, regardant par-dessus l'épaule de Noémie.

C'est vrai.

NOÉMIE.

Oh! mais, voyez donc!... il a une rose à la main qu'il secoue d'une jolie façon !... il a peut-être un rendez-vous.

CLÉMENCE.

Un rendez-vous! mon oncle! Vous le connaissez bien peu.

Elle s'asseoit dans le fauteuil devant le bureau.

NOÉMIE.

Enfin... il guette quelqu'un, c'est certain... Ça m'intrigue.

CLÉMENCE, saisissant une lettre sur le bureau.

Comment!... ma lettre!... entre les mains de mon oncle!

NOÉMIE, se retournant vivement.

Qu'avez-vous, mon Dieu?

CLÉMENCE, avec exaltation.

Je m'explique ce départ précipité, cette course à deux heures, cette rose blanche... il l'attend... il veut le tuer... C'est horrible!

NOÉMIE.

Clémence!... je vous en supplie!... qu'avez-vous?

CLÉMENCE.

Je suis perdue... perdue!... Mon oncle sait tout.

NOÉMIE.

Tout quoi?

CLÉMENCE, rêveuse.

C'est bien mal... c'est le désespoir qui m'a poussée... j'avais un rendez-vous aujourd'hui.

NOÉMIE.

Vous?

CLÉMENCE.

Oui... mon oncle le sait... Comment?... je l'ignore... Celle qui devait mettre ma lettre à la poste m'aura peut-être trahie... Enfin, peu importe, mon oncle le sait... il veut le tuer... C'est pour cela qu'il le guette... Courez vite, sauvez-le.

NOÉMIE.

Mais qui?

CLÉMENCE.

Il a une rose blanche à la boutonnière.

NOÉMIE.

Non, il l'a à la main.

CLÉMENCE.

Pas mon oncle, l'autre... Tenez! mettez celle-ci à votre corsage; (Elle tire une rose de son panier à ouvrage) il en aura une semblable au sien.

NOÉMIE.

Au sien?

CLÉMENCE.

A sa boutonnière... En passant vous lui direz : Prudence, vous êtes épié... on écrira.

NOÉMIE, d'un ton de reproche.

Malheureuse!

CLÉMENCE.

Oui, plus tard... Je vous en prie, sauvez-le.

NOÉMIE.

Qui est-ce, au moins?

CLÉMENCE.

Je n'en sais rien.

NOÉMIE.

Comment!

CLÉMENCE.

Mais si... Je suis folle... Qu'est-ce que je dis?... C'est un homme d'un certain âge.

NOÉMIE.

Ce n'est pas un signalement.

CLÉMENCE, avec volubilité.

Trente ou trente-cinq ans... joli garçon... grand, élancé, distingué... il a des gants clairs... Allez! je vous en supplie!... Il y va peut-être de la vie d'un homme.

NOÉMIE.

Malheureuse enfant! (A part.) Je l'enverrai demain chercher ma lettre.

Elle sort.

CLÉMENCE, courant après elle.

Mon oncle ne vous connaît pas! faites qu'il ne voie pas votre rose.

SCÈNE V

CLÉMENCE, seule.

Le malheureux!... Mon oncle est capable de tout. Mon Dieu, mon Dieu! faites qu'il ne lui arrive rien! je ne recommencerai plus, je resterai en pension toute ma vie, s'il le faut... mais sauvez-le! (Elle regarde par la fenêtre.) Pourvu que mademoiselle Noémie ait pu le voir!... Pauvre jeune homme!... s'il allait lui arriver malheur à cause de moi!... Et puis... il va m'accuser.. Ah! c'est affreux!... Que faire?... Il n'y a pas à dire, il faut que je lui explique ce qui se passe. (Elle va au bureau et écrit.) « Monsieur, un grand danger vous menace... mon oncle sait tout... il est furieux... Je vous en conjure... ne vous exposez pas à sa colère... il est d'une violence extrême et peut être capable de tout... j'en aurais un remords éternel. » Comment est-ce que je vais signer? Ah! voilà... Signé : « Rose blanche... (Elle écrit l'adresse.) M. A. D. poste restante... »et je prends un timbre de mon oncle... là... c'est bien fait!... (Elle se lève et met son chapeau.) Et maintenant, dès que mademoiselle Noémie rentrera, j'irai avec elle mettre ma lettre à la poste, moi-même; comme cela, je serai sûre qu'elle ne sera pas détournée de sa destination. Car, enfin, ce n'est pas clair que mon oncle ait ma lettre entre ses mains... C'est un peu fort si je n'ai pas le droit d'écrire à qui je veux!... Ciel! le pas de mon oncle... Je me sauve.

<small>Elle sort à gauche, oubliant sa lettre.</small>

SCÈNE VI

DURASOIR.

C'est un peu violent! Je crois, ma parole d'honneur, que cette petite péronnelle s'est moquée de moi. Avec ça que c'était drôle de poser une heure dans la rue... une fleur à la main, encore! C'était complet. Je sais bien que je l'ai cachée le plus possible... on ne l'aura peut-être pas vue... C'est si mauvaise langue les voisins! (Il met la rose à sa boutonnière.) Enfin, tout ça c'est vexant... d'autant que je ne sais pas pourquoi, je me figure que c'était la femme qu'il me fallait... nom d'un petit bonhomme!... Elle n'aura peut-être pas pu venir, la pauvre petite!... Je ne peux pas admettre qu'elle soit passée sans que je l'aie vue... à moins que... elle aussi elle n'ait pas mis sa rose... C'est inadmissible... Une jeune fille, ce n'est pas assez malin... il n'y a qu'un homme pour avoir des idées machiavéliques comme celle-là... Elle n'aura pas été libre c'est évident... (Apercevant la lettre de Clémence.) Tiens! une lettre! Mon petit facteur sera venu pendant mon absence. Un timbre tout neuf! Ah! c'est du propre, ces employés du gouvernement! ça n'annule seulement pas les timbres... et l'on s'étonnera un jour si la France est ruinée... (Il ouvre la lettre.) Comment! signé : Rose blanche... « Monsieur, un danger vous menace... mon oncle sait tout... il est furieux. Je vous en prie, ne vous exposez pas à sa colère!.. » (Parlé.) En voilà une affaire!... Ah bien! en voilà du joli, si son oncle sait tout!.. Je ne savais pas qu'elle eût un oncle... ça m'ennuie bien. (Relisant.) « Ne vous exposez pas à sa colère... » (Parlé.) Je n'en ai pas envie. (Lisant.) « Il est d'une violence extrême et peut être capable de tout. » (Parlé.) Ah mais! ah mais!... c'est très ennuyeux ces affaires-là!... Sacrédié! moi qui vivais si tranquille! Oh! les femmes! les femmes!... Si jamais on m'y repince... saperlipopette!... Heureusement, cette fois... il n'y a pas de mal... je suis prévenu à temps... Ah! plus souvent que je vais m'exposer à la colère de son oncle... A-t-on jamais vu cette petite péronnelle qui a un oncle et qui ne prévient pas?... Si je la connaissais... je lui dirais son fait, moi.

SCÈNE VII

DURASOIR, NOÉMIE, une rose blanche au corsage, puis CLÉMENCE.

NOÉMIE, entrant.

Oh! pardon, Monsieur.

DURASOIR, à part.

Ciel! la rose blanche! (Haut.) Comment, malheureuse! vous!... chez moi... Vous avez donc juré de me perdre?

NOÉMIE.

Mais, Monsieur... je suis bien chez M. Durasoir?

DURASOIR.

Parfaitement... vous êtes chez M. Durasoir... Mais je pense bien que vous n'avez pas la prétention de vous réfugier ici pour échapper à la colère de votre oncle... Pardon... pardon... pardon... je ne vous connais pas... ni votre oncle non plus. (Se retournant pour enlever sa rose qu'il met dans sa poche.) Je n'ai pas de rose blanche, moi... je vous préviens... je nie tout.

NOÉMIE.

Mais, Monsieur...

DURASOIR.

Il n'y a pas de : « mais Monsieur », je ne suis pas un enfant. Votre oncle va venir, il vous trouvera ici... Je comprends tout, allez!

CLÉMENCE, entrant; à part, cherchant sa lettre.

Cette lettre que je ne retrouve pas...

DURASOIR, apercevant Clémence.

Clémence!.. viens ici!.. tu es témoin que je n'ai pas attiré cette personne.

CLÉMENCE.

Je crois bien, elle est venue avec moi.

DURASOIR.

Parfaitement alors... si son oncle vient, s'il veut faire une scène, tu seras là... pour dire que je ne l'ai pas attirée.

CLÉMENCE.

Ciel!... Ah! c'est le comble!... le chagrin l'a rendu fou... Mon oncle... mon pauvre oncle, je suis bien coupable.

DURASOIR.

Toi... c'est toi qui as tout dit à son oncle!... Tu t'es faite leur complice!.. c'est bien! sortez, mademoiselle! vous n'êtes plus ma nièce!...

NOÉMIE.

Monsieur, je vous en prie... vous vous trompez... Je n'ai pas d'oncle...

CLÉMENCE.

C'est moi, mon oncle, qui en ai un, un que j'aime beaucoup... et à qui je suis désolée d'avoir fait de la peine.

DURASOIR.

Qu'est-ce que tout cela veut dire?

CLÉMENCE.

Vous me pardonnerez, n'est-ce pas, mon oncle?... J'ai lu cela dans le journal... j'ai cru que c'était tout simple... alors je lui ai écrit à ce Monsieur... mais je ne le connais pas... je ne sais même pas son nom... M⁺. A. D. voilà tout ce que je sais.

DURASOIR.

Ah!... alors... tu as écrit à M⁺. A. D.?

NOÉMIE, à part.

Elle aussi !

CLÉMENCE.

Vous le saviez bien, mon oncle... puisque vous aviez ma lettre sur votre bureau.

DURASOIR.

Malheureuse enfant!... sais-tu qui c'est M⁺. A. D?

NOÉMIE et CLÉMENCE.

Non... qui est-ce?

DURASOIR.

C'est moi.

NOÉMIE.

Lui!

CLÉMENCE.

Vous?

DURASOIR.

Oui.

CLÉMENCE.

J'ai failli devenir ma tante.

DURASOIR.

J'ai voulu t'éprouver... On m'avait dit que tu dérobais quelquefois le journal... que tu avais l'imagination romanesque... j'ai voulu voir jusqu'où tu irais...

CLÉMENCE.

Mon oncle! pardon!

NOÉMIE, à part.

Il ment comme un arracheur de dents.

DURASOIR.

Ma nièce!... écrire au hasard à un Monsieur qu'elle ne connaît pas!... Tu n'as donc plus de sens moral? (Clémence pleure.) Voyons, Mademoiselle, je vous prends à témoin... concevez-vous qu'une jeune fille puisse en arriver là?

NOÉMIE.

Clémence, avez-vous pu faire cela, ma pauvre enfant, avez-vous pu risquer de vous compromettre et de vous voir forcée d'unir votre destinée à celle du premier venu !

CLÉMENCE, pleurant.

J'étais folle !

NOÉMIE.

C'est si beau le mariage ! c'est si beau cette union de deux cœurs qui sont dignes l'un de l'autre et qui battent à l'unisson !... et vous allez livrer toutes ces joies-là au hasard !

DURASOIR.

Oui... tu vas livrer toutes ces joies-là au hasard !...

NOÉMIE.

Qu'espérez-vous donc, ma pauvre enfant ?... Sauf ce cas exceptionnel d'un oncle qui veut éprouver sa nièce... qui est-ce qui peut songer à trouver une femme par la voie des affiches... comme on cherche une maison à louer?... Un mauvais plaisant ou un imbécile... n'est-ce pas, monsieur Durasoir?

DURASOIR, gêné.

Certainement... en général.

NOÉMIE, gêné.

Allons! que la leçon vous serve... et remerciez votre oncle de vous l'avoir donnée !

CLÉMENCE.

Mon oncle...

DURASOIR.

C'est bien... je verrai...

NOÉMIE.

Un bon mouvement, Monsieur. Votre nièce est moins coupable qu'elle ne paraît : elle a été élevée comme toutes les jeunes filles à croire que le mariage c'est la liberté... et elle veut être libre... Toutes les jeunes filles de dix-huit ans sont les mêmes, allez! et ça n'est qu'un peu plus tard, à mon âge, que l'on comprend les devoirs et les joies austères de l'épouse, le bonheur calme mais vrai du ménage. (Bas.) Attrape!

DURASOIR, bas.

En voilà une riche femme! (Haut à Clémence.) Allez un peu dans votre chambre, ma nièce... je vais causer avec Mademoiselle de ce que je dois faire de vous.

CLÉMENCE.

Oui, mon oncle.

Elle sort toujours en pleurant.

NOÉMIE, la reconduisant.

N'ayez pas peur, allez! je parlerai pour vous. (A part, en revenant.) Il n'est pas beau... mais j'aime mieux cela que d'être sous-maîtresse.

SCÈNE VII

DURASOIR, NOÉMIE.

DURASOIR, bas.

Voilà la femme qu'il me faudrait... Si j'osais !...

NOÉMIE.

Eh bien, Monsieur, que décidez-vous ?

DURASOIR.

Je ne sais pas. (Il désigne un fauteuil à Noémie.) Et vous, Mademoiselle, que dites-vous ?

NOÉMIE.

Je crois qu'il ne faut pas être bien sévère.

DURASOIR.

Vous êtes bonne... vous !... cela se voit du premier coup d'œil.

NOÉMIE.

Non... je suis indulgente pour les faiblesses de jeunes filles.

DURASOIR.

Vous appelez cela une faiblesse ?

NOÉMIE.

Oui... et pour laquelle même vous n'avez peut-être

pas le droit d'être inexorable... Soyez franc... c'était bien et uniquement pour éprouver votre nièce que...?

DURASOIR.

Certainement.

NOÉMIE.

Vous n'espériez pas que quelques autres tomberaient dans le piège ?

DURASOIR.

Mon Dieu... je ne dis pas...

NOÉMIE.

Vous voyez bien... et probablement en effet vous avez dû recevoir d'autres lettres.

DURASOIR.

C'est vrai.

NOÉMIE.

C'est inouï !... mais qu'est-ce qu'on peut trouver à écrire à un Monsieur qu'on ne connaît pas?

DURASOIR.

Rien de bien joli, allez !... Si j'en juge par les réponses que j'ai reçues... celle de Clémence était de beaucoup la mieux.

NOÉMIE, riant du bout des lèvres.

C'est votre vanité d'oncle qui vous fait dire cela.

DURASOIR.

Non, non, je vous assure.

NOÉMIE.

Ecoutez... je vous en prie, montrez-m'en une ou deux, ça m'amusera beaucoup.

DURASOIR.

Si vous y tenez.

NOÉMIE, à part.

Il faut que je rattrape ma lettre à tout prix.

DURASOIR, lui présentant une lettre.

Voilà... sentez-moi cela... ça dit tout.

NOÉMIE.

Oh! ça sent bon!

DURASOIR.

Trop bon... c'est capiteux... Quant à celle-ci...

NOÉMIE, à part.

Ma lettre!

DURASOIR.

C'est une vieille de 1830 qui écrit quatre pages, je ne les ai même pas lues.

NOÉMIE, d'un ton sec.

Vous y avez peut-être perdu. (A part.) Vieil imbécile!...

DURASOIR, rejetant les lettres sur son bureau, à mesure.

Le commencement m'a suffi... celle-ci, c'est d'une jeune personne de quinze ans et demi qui me prie d'attendre... je n'ai pas le temps. Etc., etc. Etes-vous satisfaite?

NOÉMIE.

Mais oui... (Riant.) Savez-vous que cela peut même devenir très amusant d'éprouver sa nièce.

DURASOIR.

Vous en revenez toujours là.

NOÉMIE.

Je suis indiscrète... je vous demande pardon.

DURASOIR.

Eh bien ! oui, vous l'avez deviné, j'ai eu un secret espoir que le hasard me servirait.

NOÉMIE.

C'est la providence des gens d'esprit.

DURASOIR.

Il m'aura trouvé trop bête... je suis un vieux fou... n'est-ce pas?... mais qu'est-ce que vous voulez? je suis si seul!... Vous êtes trop jeune et trop heureuse pour comprendre combien il est triste d'arriver à un certain âge sans aimer et sans être entouré d'affections.

NOÉMIE.

Sur ce terrain-là, je vous comprends mieux que personne.

DURASOIR.

Permettez-moi d'en douter... A votre âge la vie paraît rose... votre famille vous cache les épines.

NOÉMIE.

Je n'ai plus de famille...

DURASOIR.

Je ne savais pas... je vous demande pardon, Mademoiselle.

NOÉMIE.

Ma seule famille, ce sont les jeunes filles qui me sont confiées... et elles sont bien vite oublieuses.

DURASOIR.

Alors vous aussi vous êtes malheureuse ?

NOÉMIE.

Pourquoi me le faire avouer ?

DURASOIR.

Oh! tant mieux !.. c'est-à-dire... Non... tant pis! Ah! si j'osais vous dire ?...

NOÉMIE.

Quoi donc ?

DURASOIR.

Rien... Je suis un vieux fou... et je voulais une jeune fille de dix-huit ans!... Imbécile!... et maintenant devant vous je me sens si vieux, je me sens séparé de vous par un tel abîme...

NOÉMIE, riant.

On dirait à vous entendre que vous avez soixante-dix ans.

DURASOIR.

Non... mais pour vous c'est tout comme.

NOÉMIE.

Oh! non!

DURASOIR.

Mais si... et tenez... la preuve... si j'allais vous dire, Mademoiselle, que je vous trouve belle, que toutes vos paroles ont pour moi un charme inexprimable, que mon bonheur serait de vous consacrer ma vie...

NOÉMIE.

Je dirais que c'est une plaisanterie...

DURASOIR.

Vous voyez bien!... Tout cela vous paraît ridicule de ma part, impossible... Et pourtant si cela n'était pas une plaisanterie?

NOÉMIE, se levant.

Mais, Monsieur...

DURASOIR.

Tout à l'heure vous avez si bien parlé du mariage ! J'ai compris que c'était mon rêve qui se dressait devant moi... ne dites pas non... je vous en prie... Je suis riche, ma fortune me servira à vous entourer de mille soins, de mille gâteries... mais dites-moi que, peut-être, plus tard, vous pourrez m'aimer un peu...

NOÉMIE, riant.

Permettez... vous allez bien vite.

DURASOIR.

C'est vrai, je vais vite, mais le bonheur est fugitif. Il faut le saisir quand il passe. Je serai si bon, si doux... Vous ne pourrez pas me refuser un peu d'affection... Vous ne répondez rien ?... Je ne sais pas, moi, parler d'amour... c'est la première fois que j'en ai l'occasion... Mais ce que je sais bien, c'est que si cela dépend de moi, je vous rendrai heureuse, je vous le promets.

NOÉMIE.

Il y a cinq minutes vous ne me connaissiez pas et vous prétendez m'aimer.

DURASOIR.

Je ne le prétends pas, j'en suis sûr.

NOÉMIE.

Il faut vous croire?

DURASOIR.

Je vous en conjure.

NOÉMIE.

Peut-être... J'y mets une condition. Vous allez me donner toutes les lettres que vous avez reçues.

DURASOIR.

Seriez-vous jalouse?

NOÉMIE.

Qui sait?... En tout cas, je ne veux pas que vous ayez la tentation de comparer.

DURASOIR, lui tendant les lettres.

Détruisez-les... et oubliez que j'ai été un fou... J'en frémis quand je pense que j'aurais pu épouser une de ces péronnelles qui écrivent à n'importe qui.

NOÉMIE.

Plaignez-les... plutôt que de les blâmer.

DURASOIR.

Vous êtes bonne, vous, décidément.

NOÉMIE.

Non, seulement j'ai souffert... Allez appeler votre nièce et pardonnez-lui.

DURASOIR.

Je veux bien... Aujourd'hui je ne suis pas capable d'en vouloir à quelqu'un... (Appelant à la porte de gauche.) Clémence! embrasse-moi, mon enfant... et... va embrasser la tante.

CLÉMENCE.

Ma tante?

NOÉMIE.

Il paraît... Mais comme je vous aime beaucoup, votre oncle ne vous renverra plus en pension et nous vous garderons ici... N'est-ce pas, monsieur Durasoir?

CLÉMENCE.

Oh! mon oncle, je vous en prie!

DURASOIR.

Si tu ne l'adores pas, ta tante, tu seras une fière ingrate.

NOÉMIE.

Allons, embrassez-moi... ma rivale, et n'écrivez plus aux épouseurs inconnus!

CLÉMENCE.

Pour cela non... j'ai eu trop peur.

DURASOIR.

Vraiment?

CLÉMENCE.

Je crois bien, mon oncle!... Je vous ai cru fou.

NOÉMIE.

Clémence!

DURASOIR, regardant Noémie.

Qu'est-ce qu'elle va dire maintenant que je le suis tout à fait.

NOÉMIE.

Cette fois-ci... c'est une folie douce...

FIN

TABLE

LE COUSIN EDGARD... 1
UNE CARRIÈRE D'OCCASION............................. 71
LES DÉBUTS DE RENÉ...................................... 147
AMOUR ET JOURNAL....................................... 207

Imprimerie générale de Châtillon-sur-Seine. — Jeanne Robert.

www.ingramcontent.com/pod-product-compliance
Lightning Source LLC
Chambersburg PA
CBHW070628170426
43200CB00010B/1941